Johannes B. Brantschen

Hoffnung für Zeit und Ewigkeit

W0245117

Johannes B. Brantschen

Hoffnung für Zeit und Ewigkeit

Der Traum von wachen Christenmenschen

Herder
Freiburg · Basel · Wien

Alle Rechte vorbehalten – Printed in Germany
© Verlag Herder Freiburg i. Br. 1992
Herstellung: Ebner Ulm 1992
ISBN 3-451-22850-5

Meinen Nichten und Neffen –
Judith, Rosi, Philipp, Thomas, Daniel,
Dominik, Gilbert, Stefanie, Reinhard, Benita, Sofia,
Christian, Karin, Franziska, Eveline –,
von denen ich lernen kann,
daß Träume immer noch möglich sind.

Inhalt

Vorwort

Noch ein Buch über die Hoffnung! Ist denn zu diesem Thema nicht schon längst alles gesagt worden? Zweifellos: Alles ist längst geschrieben. Es sind gerade in den vergangenen 25 Jahren so viele gute, ja ausgezeichnete Publikationen über dieses Thema erschienen[1], daß verwegen, gar ein wenig naiv wäre, wer zu diesem Thema Neues und Originelles zu sagen beanspruchte.

Die hier vorliegenden Meditationen über die Hoffnung verfolgen denn auch ein anderes Ziel: Sie möchten lediglich – unter all den andern heutigen Sinnangeboten auf unserem alten Kontinent – für die alte und immer junge und immer neue christliche Hoffnung eintreten. Deshalb wurde auch – soweit möglich – der theologische Fachjargon vermieden. Es sind neu bearbeitete, erweiterte und in eine systematische Ordnung gebrachte Vorträge und Predigten, die ich während der letzten fünf Jahre vor ganz unterschiedlichem Publikum in verschiedenen Städten der Schweiz und Deutschland gehalten habe. Wenn in diesen Meditationen der Einfachheit halber immer wieder abstrakt von „dem Menschen" und „den Menschen" die Rede ist, so ist dabei in erster Linie an westeuropäische Frauen und Männer gedacht: an Christen und Christinnen, die hierzulande unter den Bedingungen und Verhältnissen der Ersten Welt über ihre christliche Hoffnung Rechenschaft ablegen dürfen

---

1 Einige dieser Hoffnungsbücher werden in den folgenden Anmerkungen erwähnt. Das schönste hat meines Erachtens G. Bachl geschrieben (Die Zukunft nach dem Tod, Freiburg i. Br. 1985).

und müssen. Eine europäische Predigt also; hoffentlich keine eurozentrische Rede! In anderen Kontinenten und Kulturen müßten die Akzente anders gesetzt werden. Trotz der einheitlichen mathematisch-technischen Weltzivilisation, trotz der *einen* Welt-Computer-Sprache, trotz der wirtschaftlichen und ökologischen Verflochtenheit aller mit allen leben konkrete Menschen nach wie vor in sehr unterschiedlichen Welten und „Dialekten" – und diese (auch religiösen) Dialekte sind in der Ersten Welt anders als in der Dritten Welt, in Zaïre anders als in Moskau oder Mexiko.

„Herkunft aber bleibt Zukunft" – diesem Wort Martin Heideggers ist wohl nicht zu widersprechen. Deshalb wurde in diesen Meditationen versucht, die abendländisch-christliche Tradition, so gut es ging, mitzuschleppen, genauer: sich mit ihr immer wieder auseinanderzusetzen, ohne dabei für die Probleme und Erfordernisse der europäischen Moderne blind zu werden. „Die Theologie (sagt der weise brasilianische Befreiungstheologe Leonardo Boff) hat zwei Augen: Das eine blickt auf die Vergangenheit zurück, in die das Ereignis der Erlösung hereingebrochen ist, und das andere richtet sich auf die Gegenwart, in der sich die Erlösung verwirklicht. Wenn sie bloß mit einem Auge schaut, wird die Theologie kurzsichtig; entweder bleibt sie reine Archäologie der Vergangenheit oder aber bloße Phänomenologie der Gegenwart. Mit beiden Augen sehen heißt fähig werden, den Sinn des Vergangenen zu erfassen und zugleich für das Gegenwärtige Sinn zu stiften."[2] Dem wäre wohl noch ein drittes Auge hinzuzufügen, das in dem hier und heute angefangenen Sinn bereits die zukünftige Sinnvollendung zu erahnen vermag.

2   L. Boff: Kreuzweg der Gerechtigkeit, Mainz 1980, S. 7 f.

Der Text dieser Meditationen will ohne die Fußnoten verständlich sein. In den Anmerkungen soll keine „wissenschaftliche Diskussion" geführt, sondern das eine oder andere präzisiert und einige weiterführende Literatur genannt werden, deren Autoren und Autorinnen ich persönlich zu danken habe.

„Wir wissen", schreibt der Apostel Paulus, „daß die gesamte Schöpfung bis zum heutigen Tag seufzt und in Geburtswehen liegt... Die ganze Schöpfung wartet sehnsüchtig auf das Offenbarwerden der Söhne Gottes" (Röm 8, 22 und 19). Folglich wartet der hoffende Christ in geduldiger Ungeduld nicht nur auf die Vollendung der Menschen und der Menschheit, sondern auf die endgültige Befreiung der ganzen Schöpfung. Meine Meditationen reden freilich fast nur von der Neuschöpfung des Menschen (2 Kor 5, 17) und von der Hoffnung auf eine neue *versöhnte* Menschheit im vollendeten Reich Gottes. Was ist – um nur zwei Beispiele zu bringen – mit der Vollendung des Kosmos? Was mit der Vollendung der Tiere? Ich muß hier meine Hilflosigkeit eingestehen. Weil ich nicht weiß, wie ich den apokalyptischen Satz aus dem Markusevanglium: „... in jenen Tagen wird sich die Sonne verfinstern, und der Mond wird nicht mehr scheinen, die Sterne werden vom Himmel fallen" (Mk 13, 24 f.), weil ich nicht weiß, wie ich dies heute dolmetschen soll, habe ich es vorgezogen, zu schweigen und nur von der Vollendung der Menschheit zu reden. Damit setze ich mich dem Vorwurf aus, wieder einmal narzißtisch-größenwahnsinnig die Menschheit in den Mittelpunkt zu rücken und erneut der Versuchung des europäischen Anthropozentrismus zu erliegen[3].

3 Vgl. K. Koch: Weltende als Erfüllung und Vollendung der Schöpfung. In: Hoffnung über den Tod hinaus. Antworten auf Fragen

Weil der menschliche Tod mit seinen vielen Gesichtern allgegenwärtig und allen anschaulich ist (wenn er auch immer nur als der Tod der *anderen erfahrbar* ist), schien es mir naheliegend, unsere christliche „Hoffnung auf Vollendung" auch und gerade angesichts des Todes zu thematisieren. Wie aber steht es um den Tod des Kosmos, des Universums? Es ist in unseren Tagen von theologischer Seite immer wieder darauf hingewiesen worden, daß angesichts der Atombombe und des drohenden ökologischen Kollapses das „Weltende" wieder plausibel geworden sei, ja viele Menschen heute von einer *apokalyptischen* Grundstimmung erfaßt seien. Damit sei es wieder möglich geworden, die Rede vom Ende und von der Vollendung der *ganzen* Schöpfung theologisch aufzugreifen und so den modernen Anthropozentrismus zu überwinden. Ich bleibe skeptisch. Kann der Anthropozentrismus auf diese Weise wirklich besiegt werden? Sollten wir es fertigbringen – was Gott verhüten möge –, das menschliche Leben und vielleicht sogar alles Leben auf unserem Planeten zu vernichten, so wird unsere Erde *ohne uns* weiter um die Sonne kreisen, wie sie es auch *vor uns* getan hat, und die hundert Milliarden Sterne unserer Milchstraße werden unberührt ihre Bahnen weiterziehen. Erst recht werden die Milliarden anderer Galaxien, unbekümmert um unser Verschwinden, sich weiter ausdehnen. Es sei denn: *alles drehe sich halt doch um den Menschen*, so daß mit dem Ende des menschlichen Lebens auf unserem Planeten auch jede andere kosmische Bewegung in sich zusammenbricht. Und schon wären wir wieder bei jenem Anthropozentrismus, den es ja zu überwinden gilt!

der Eschatologie. Theologische Berichte XIX, hrsg. v. J. Pfammatter und E. Christen, Zürich 1990, S. 139–179.

In eine ähnliche Verlegenheit gerate ich bei der Rede von der „Vollendung der Tiere". Ich weiß um das Leiden, das Menschen Tieren angetan haben und antun.

Nachdem der große René Descartes († 1650), die Tiere zu gefühllosen „Maschinen" erklärt hat, hat die europäische Moderne das Tier immer mehr verdinglicht und zum Objekt des menschlichen Profitstrebens gemacht. Das fängt an mit der industriellen Tierhaltung[4], bei der Tiere um schierer Produktionssteigerung willen auf kleinstem Raum eingepfercht und unter Zerstörung ihres natürlichen Lebensrhythmus zu Tode gefüttert werden, und es geht weiter in wissenschaftlichen Laboratorien, in denen Tiere als wegwerfbare „Modelle" behandelt werden, nicht nur zur Erprobung neuer Medikamente, sondern auch zu rein kosmetischen und militärischen Zwecken[5]. Hier sind ein Umdenken und eine neue Praxis unabdingbar, soll unsere Hoffnungsrede von einer „neuen Erde" nicht zum Zynismus werden. Aber wenn ich am Schluß eines Buches über Hunde lese: „Ein Himmel ohne unsere Hunde wäre nicht ein Himmel, auf den wir hoffen. Ein Hund ist des Menschen bester Freund"[6], so zeigt dieser Satz gut, daß Liebe und Hoffnung eng zusammengehören. Gleichwohl weiß ich nicht wie ich diesen Satz theologisch plausibel vermitteln soll[7].

---

4   Vgl. E. Kessler: Tier-Fabriken in der Schweiz. Fakten und Hintergründe eines Dramas, Zürich und Wiesbaden 1991.
5   Vgl. R. Burggraeve: Verantwortlich für „einen neuen Himmel und eine neue Erde". In: Concilium 27 (1991) 335–343.
6   B. Woodhouse: Wie erziehe ich meinen Hund? (Humboldt-Taschenbuch 371), München 1980, S. 151.
7   Vgl. aber E. Drewermann: „Ich steige hinab in die Barke der Sonne", Olten 1989, S. 228–247 (= V. Nachtrag. Hoffnung für die leidende Kreatur oder: Das Postulat von der Unsterblichkeit der Tiere).

Weil ich mich also außerstande sehe, von der „Vollendung der *ganzen* Schöpfung" zu reden, ohne daß meine Rede jeden Bezug zu jeder möglichen Erfahrung verliert und in wohlfeile Leerformeln mündet, ziehe ich es vor zu schweigen, das heißt: *ausdrücklich* nur von der Vollendung der Menschheit zu reden und gelegentlich die biblische Metapher vom „neuen Himmel und der neuen Erde" (Jes 66, 22; Offb 21, 1) unübersetzt zu gebrauchen. Mein Schweigen ist ein Schweigen aus Unwissenheit und Verlegenheit – mehr nicht; denn der paulinische Gedanke, daß *alles* Geschaffene seufzt und sich ängstigt und auf radikale Befreiung und Vollendung wartet, ist mir lieb und teuer.

Schließlich bleibt mir noch die angenehme Pflicht zu danken: der Erziehungsdirektion des Kantons Fribourg, die mir ein Freisemester gewährte; der Familie Aebischer-Crettol, die mich mit Rat und Tat verwöhnten und es mir ermöglichten, unter der Sonne der Provence und beschützt von zwei treuen Hunden in Ruhe meinen Text zu redigieren; Herrn Dr. R. Walter vom Verlag Herder, der die Entstehung des Textes mit Wohlwollen begleitete, mit sanftem Druck für seinen Abschluß sorgte und zuletzt daraus ein schönes Buch zu gestalten wußte; Frau Monique Aebischer, die das unreine Manuskript in die reine Welt des Computers versetzte; der Journalistin Ingrid Staehle, die auch diesmal wieder mit ihrem stilistischen Rotstift dafür sorgte, daß ich das Kind nicht mit dem Bade auf die Spitze trieb.

Fribourg i. Ue. an Ostern 1992   J. B. B.

1. KAPITEL

„Der Glaube, den ich am liebsten mag, sagt Gott, ist die Hoffnung"

PÉGUY

„Aus Seïr ruft man mir zu: Wächter, wie lange noch dauert die Nacht? Wächter, wie lange noch dauert die Nacht? Der Wächter antwortet: Es kommt der Morgen, es kommt auch die Nacht. Wenn ihr fragen wollt, kommt wieder, und fragt!" (Jes 21, 11 f.)

Die Hoffnung ist zunächst nichts spezifisch Christliches[8], sondern etwas allgemein Menschliches. Die Hoffnung ist (wie die Liebe) eine Urgebärde des Menschen. Wenn auch Jugend und Hoffnung einander speziell zugeordnet sind (der junge Mensch träumt von der Zukunft; der ältere liebt die Erinnerung), so gilt doch grundsätzlich: Der Mensch ist – solange er lebt – auf dem Weg, unterwegs, noch nicht am Ziel. Das unruhige Herz des Menschen, solange es schlägt, sehnt sich nach (letzter) Erfüllung, ohne sie je ganz erreichen zu können. Dieser menschlichen Grundsituation des „Noch nicht" und der Sehnsucht entspricht die Hoffnung. Mit andern Worten: Weil der Mensch ein Mangel- und Hungerwesen ist, das noch nicht ist, was es sein soll, kann der Mensch ohne Hoffnung nicht leben. Wer ohne Hoffnung ist, droht von der Verzweiflung angesichts der

---

8   Zur christlichen Tugend der Hoffnung vgl. das magistrale Büchlein von J. Pieper: Über die Hoffnung, München 1949. Aus marxistischer Sicht vgl. das monumentale Werk von E. Bloch: Das Prinzip Hoffnung, drei Bände, Frankfurt a. M. 1959.

Sinnlosigkeit weggeschwemmt zu werden. Er wird krank, und umgekehrt gilt: Auch schlimmste Situationen können noch gemeistert oder wenigstens ertragen werden, wenn am Horizont ein Licht der Hoffnung leuchtet[9]. Die spezifisch christliche Hoffnung zeigt sich – wie wir sehen werden – an ihrem Inhalt.

1.1 Hoffnung –
der Traum des wachen Menschen

Der Königsberger Philosoph Immanuel Kant (1724–1804) hat in seinem Hauptwerk „Kritik der reinen Vernunft" drei einfache Fragen formuliert, die sein Denken ein Leben lang herausgefordert haben:

1. Was kann ich wissen?
2. Was soll ich tun?
3. Was darf ich hoffen?[10]

Zweihundert Jahre nach Kant müssen wir feststellen, daß diese drei immer noch die entscheidenden menschlichen Fragen sind, auch wenn wir – gerade als Christen und Theologen – Kants Antworten nicht mehr ohne weiteres zu übernehmen vermögen. Kant hatte damals andere Interessen als wir heute: Er wollte im Namen der Vernunft die definitiven Grenzen all unserer Antworten festlegen. An diese vermeintlich endgültige

---

9 Die Daseinsanalyse – eine von M. Boss inaugurierte Richtung heutiger Psychologie – geht von der Hoffnungsstruktur des Menschen aus und versucht, dem psychisch Kranken ein Tor zur Zukunft wieder aufzustoßen und ihn so zu heilen.
10 I. Kant: KrV A 805 (1781), B 833 (1787); vgl. ferner C. F. von Weizsäcker: Der Mensch in seiner Geschichte, München 1991, S. 227–242.

Grenzziehung sind wir nicht gebunden. Wir sind zu neuen Antworten auf diese alten Fragen herausgefordert.

Zur ersten Frage: Was kann ich, was können wir wissen? Unser Wissen ist in den letzten zweihundert Jahren explodiert. Es „ruht" in spezialisierten Handbüchern und Nachschlagewerken, Fachzeitschriften und Fachbibliotheken, neuerdings auch auf rapide anwachsenden Datenbanken. Heutzutage soll sich unser Wissen sogar alle fünf Jahre verdoppeln, was zu einer paradoxen Situation führt: Der einzelne weiß immer weniger von all dem, was wir wissen können.

Wissen ist heute vor allem spezialisiertes Detailwissen; unser Wissenschaftsbetrieb ist zu einer Angelegenheit der Fachleute geworden. Der Normalbürger und die Normalbürgerin bräuchten deshalb dringend ein grundlegendes Orientierungswissen, das ihnen helfen könnte, die verwirrenden Details der Spezialisten, mit denen sie tagtäglich, wenn auch nur fragmentarisch, bombardiert werden, einzuordnen und zu verarbeiten.

Auch haben wir inzwischen einsehen müssen, daß jede wissenschaftlich gelöste Frage fast unweigerlich eine Kette neuer, ungelöster Fragen nach sich zieht, so daß etwa heutige Atom- und Astrophysiker wieder Philosophen werden, ja sich sogar (und das ist völlig neu gegenüber dem 19. Jahrhundert) gelegentlich als heimliche Theologen entpuppen[11].

Zur zweiten Frage: Was soll ich, was sollen wir tun? Wer kann uns heute verbindlich sagen, was wir tun *sollen*, in einer Zeit, in der wir wissenschaftlich-technisch mehr

11 Vgl. z. B. J. Guitton, G. Bogdanov, I. Bogdanov: Dieu et la science. Vers le métaréalisme, Paris 1991.

können, als wir moralisch *dürfen*? Zweifelsohne wird der einzelne in seinem Tun und Werken seinem Gewissen folgen, und der Christ und die Christin werden sich in ihrer überschaubaren Alltagspraxis nach wie vor von den alten und immer jungen zehn Geboten leiten lassen. Aber genügt das? Wer in Fragen der Moral sich ausschließlich im Mikrobereich der zwischenmenschlichen Beziehungen bewegt (und im religiösen Bereich ausschließlich der Losung folgt: „Meine Seele und mein Gott"), wird der gegenwärtigen Weltlage mit all ihrem Hunger, ihren Umweltschäden, Flüchtlingsströmen und Nationalitätenkämpfen nicht gerecht. Unsere komplexe und bedrohte Welt wird nur dann überleben können, wenn wir alle – über die Schranken der verschiedenen Religionen und Ideologien hinweg – einige allgemein verbindliche und verbindende Normen, Werte und Ziele anerkennen, die uns helfen, unser planetarisches Zusammenleben neu zu gestalten. Diese unsere Welt, die inzwischen zu einem Weltdorf zusammengewachsen ist, in dem alles mit allem zusammenhängt, braucht *ein* gemeinsames Weltethos, das unsere gesellschaftlichen Entscheidungen und Handlungen leitet, falls wir überleben wollen und nicht an den vielfältigen Egoismen von einzelnen, Gruppen und Nationen zerbrechen wollen. Es wird in Zukunft auf diesem Planeten wohl keine „Inseln der Seligen" mehr geben; denn auch jenes Drittel der Erdenbewohner, das heute noch zu großen Teilen auf Kosten der zwei anderen Drittel im Überfluß lebt, wird nur dann überleben, wenn es uns gemeinsam gelingt, diese schreiende Ungerechtigkeit abzubauen.

Grundworte eines dringend gebotenen neuen Weltethos[12] müssen sein: universale Solidarität, freiwillige

12 Vgl. H. Küng: Projekt Weltethos, München 1990.

Selbstbeschränkung, innovatorische Fantasie und große Sachkompetenz, zu der alle Wissenschaften das Ihre beisteuern müssen.

Das alles klingt nicht nur abstrakt, sondern ist es auch. Klar aber dürfte sein: Auf die Frage: „Was sollen wir tun?" gibt es kaum einfache Antworten, sobald wir den persönlichen und privaten Bereich verlassen und unsere Umwelt, Mitwelt und Nachwelt im Auge behalten. Unsere Hoffnung wird sicher auch unser Tun beeinflussen, wie umgekehrt unser Tun unsere Hoffnung nötig hat[13].

Zur dritten Frage: Was darf ich, was dürfen wir hoffen? Diese Frage öffnet den Raum der Religion. Auf sie gilt es im Folgenden aus christlicher Sicht Antworten zu suchen. Diese Antworten werden heute nicht mehr so detailliert und selbstsicher ausfallen, wie das bei unseren theologischen Großvätern und Vätern[14] – von Aurelius Augustinus bis M. J. Scheeben – noch der Fall war. Trotzdem hoffe ich, daß die heutigen Antworten, auch wenn sie bruchstückhaft sind, klar und entschieden genug ausfallen werden, um mutig, gelassen und froh leben und arbeiten, lieben und kämpfen, ja sogar leiden und sterben zu können. Bevor wir uns auf die Suche nach Antworten machen, gilt es zuerst, die Frage selbst etwas genauer anzusehen: Was dürfen wir hoffen?

13 Um diese Verknüpfung der zweiten und dritten Frage wußte selbstverständlich auch und gerade I. Kant. Er schreibt: „Wenn ich nun tue, was ich soll, was darf ich alsdann hoffen?" (ebd., s. Anm. 10). Seine Antwort: die Glückseligkeit . . . Doch darüber wird später zu reden sein.
14 Theologische Mütter, gar Großmütter gibt es leider kaum, weil das theologische Geschäft (zu seinem eigenen Schaden) fast ausschließlich Männersache war und die wenigen Theologinnen der Vergangenheit sehr oft totgeschwiegen wurden und werden.

In früheren Jahrhunderten lautete die religiös-christliche Frage vor allem so: Was sollen wir glauben? Heute fragen wir lieber: Was dürfen wir hoffen? Diese moderne Akzentverlagerung vom Glauben hin zur Hoffnung – sie meldet sich bereits bei I. Kant an – hat verschiedene Gründe.

Einen ersten Grund nennt uns der katholische französische Dichter Charles Péguy. Péguy beginnt sein faszinierendes Gedicht über die Hoffnung, das er 1911 geschrieben hat, mit dem Satz: „Der Glaube, den ich am liebsten mag, sagt Gott, ist die Hoffnung."[15] Péguy sieht die Hoffnung als „kleine Schwester" ihrer beiden „großen Schwestern": dem Glauben und der Liebe. Diese „kleine Schwester" hat es uns angetan, weil wir heutzutage in religiösen Fragen das Kleine und Diskrete dem Lauten und allzu Selbstsicheren vorziehen. Zudem vermag diese kleine und diskrete Schwester eine ungeheure Dynamik zu entfalten: sie allein wird die sinkenden Welten durchschreiten. Doch hören wir Péguy selbst zu:

„Die kleine Hoffnung schreitet einher
zwischen ihren zwei großen Schwestern,
und man beachtet nicht einmal, daß sie da ist ...

Sie ist es, die Kleine, die alles mit sich reißt.
Denn Glaube sieht nur, was ist.
Sie aber sieht, was sein wird.
Und Liebe liebt nur, was ist.
Sie aber liebt, was sein wird ...

Die Hoffnung sieht, was noch nicht ist,
und was sein wird.

15 Ch. Péguy: Das Tor zum Geheimnis der Hoffnung (Für die zweite deutsche Auflage neu bearbeitet von H. U. v. Balthasar), Einsiedeln 1980, S. 5.

Sie liebt, was nicht ist, und was sein wird.
In der Zukunft der Zeit und der Ewigkeit.

Auf der steilen, steinigen, schwierigen Straße.
Auf der steigenden Straße.
Geschleppt, eingehängt an den Armen ihrer zwei
größeren Schwestern,
Gehalten von ihren Händen,
Schreitet voran
Die kleine Hoffnung.
Und in der Mitte, zwischen den beiden größeren
Schwestern,
scheint sie sich schleppen zu lassen.
Wie ein Kind, das nicht Kraft genug hätte, zu gehen.
Und das man wider Willen weiterschleppt auf die-
ser Straße.
Und in Wirklichkeit ist sie's, die die beiden andern
voranzieht.
Und sie voranschleppt.
Und die ganze Welt in Bewegung bringt.
Und sie voranschleppt.
Denn man müht sich ja immer nur für die Kinder.
Und die beiden Großen tummeln sich nur
für die Kleine."[16]

Ein zweiter Grund für die (moderne) Verschiebung vom
Glauben hin zur Hoffnung mag in einem gewandelten
Menschenverständnis liegen. Während Jahrhunderten
haben wir in der westlichen Christenheit den Menschen
einseitig als „denkendes Wesen" (animal rationale) gesehen. Folglich glaubten wir, diesem „denkenden Wesen" auch in religiösen Dingen möglichst viele, begriff-
lich klare und widerspruchsfreie Glaubens-*Sätze* vorle-

16 Ebd., S. 14–16.

gen zu müssen. Die religiöse Sprache wurde einseitig kopflastig.

Inzwischen mußten wir erkennen, daß der Mensch nicht nur Kopf und Hände hat, nicht nur „Denker" und „Arbeiter" ist, sondern gleichursprünglich auch ein Wesen des Wunsches, der Sehnsucht und der Träume. Die Sehnsucht aber nährt sich von der Hoffnung. Die Hoffnung ist das Brot unserer Träume.

Diese heutige Konzentration der religiösen Frage auf die Frage nach der Hoffnung ist dem Neuen Testament so fremd nicht. Im ersten Petrusbrief lesen wir: „Haltet in euren Herzen Christus, den Herrn heilig! Seid stets bereit, jedem Rede und Antwort zu stehen, der nach der Hoffnung fragt, die euch erfüllt; aber antwortet bescheiden und ehrfürchtig . . ." (1 Petr 3, 15 f.). Die Hoffnung ist nach diesem oft zitierten Petrus-Text das, was Christen erfüllt und Christinnen bewegt. Über sie gilt es stets – also auch heute an der Schwelle zum dritten Jahrtausend – Rechenschaft zu geben, und zwar allen, die uns fragen, also auch dem durch allerlei „Heilslehren" und „Heilspraktiken" verunsicherten Zeitgenossen.

Ein Wort aus uralten Zeiten lautet: Die Hoffnung ist der Traum des wachen Menschen. Wer hofft, ist hellwach; er weiß um die Schwierigkeiten, kennt die Probleme – und trotzdem wagt er zu träumen. Christen, die hoffen, sind hellwache Träumer. Sie kennen die Einwände, wissen um die Schwierigkeiten, und trotzdem wagen sie, zu träumen von einem „neuen Himmel und einer neuen Erde".

Sind wir als Christinnen und Christen immer noch hellwache Träumer, oder hat uns inzwischen die Resignation eingeholt? Bevor wir auf diese Frage antworten können, gilt es – in einem ersten Vorgriff – die groben Umrisse unserer Hoffnung zu erfassen.

1.2 Die „letzte Hoffnung"
und die vielen „vorletzten Hoffnungen"

Christen und Christinnen hoffen auf das Reich Gottes, auf das Reich „der Gerechtigkeit, des Friedens und der Freude" (Röm 14, 17). Die Bibel redet in unzähligen überraschenden und immer neuen Bildern und Gleichnissen von diesem messianischen Reich Gottes: es gleicht einem neuen Land, wo Wolf und Lamm friedlich zusammen wohnen, Kalb und Löwe gemeinsam weiden (Jes 11); es gleicht einem Friedensreich, wo es keine Kriege mehr geben wird und die Schwerter zu Pflugscharen umgeschmiedet werden (Jes 2, 4). Das Reich Gottes gleicht einer neuen Erde, ohne Schmerzen und ohne die Last des Alters (Jes 65), es gleicht einer schönen Perle oder einem verborgenen Schatz vergraben im Akker (Mt 13). Im Reich Gottes werden Hungrige satt und Traurige getröstet (Mt 5). Es gleicht einer fröhlichen Hochzeitsgesellschaft (Mt 22) oder einer „heiligen Stadt", in der weder Krieg noch Haß, weder Ungerechtigkeit noch Unfreiheit, weder Leid noch Tod sein werden (Offb 21). Im Reiche Gottes werden unsere Tränen abgewischt und unser Mund wird voll Lachen und unsere Zunge voll Jubel sein.

Der Zutritt zum Reich Gottes setzt Bekehrung voraus (Mk 1, 15; Mt 4, 17); wir sollen das Reich Gottes vertrauensvoll annehmen wie ein Kind (Mk 10, 15) und um sein Kommen beten (Mt 6, 10). Das Reich Gottes ist nahe (Mk 1, 15), ja schon mitten unter uns (Lk 17, 20 f.), und gleichzeitig wird es noch erwartet (Mk 13, 28–32). Das Reich Gottes kommt von selbst (Mk 4, 26 ff.) und leidet Gewalt (Mt 11, 12) . . .

Diese biblischen Reich-Gottes-Metaphern – von denen ich nur einige erwähnt habe – sind unersetzbar.

Sie dürfen nicht in die geheimnisleere Sprache unserer (theologischen) Begriffe aufgelöst werden; vielmehr gilt es diese biblischen Metaphern zu schützen und zu verstehen. Bei diesem Verstehen fängt der Streit an.

1.2.1 Zwischen Jenseitsvertröstung und Diesseitsutopie

Es gab im Laufe der Kirchengeschichte immer wieder Zeiten, in denen die Christen dieses Reich der Gerechtigkeit, der Freiheit und des Friedens vor allem nach dem Tod in Gottes „neuem Himmel" erwartet haben. Der Christ hatte das irdische Jammertal „als Fremder und Gast" (vgl. 1 Petr 2, 11; Hebr 13, 14) geduldig und gottesfürchtig zu durchwandern, denn seine wahre Heimat ist der Himmel. Wohl war der Christ angehalten, durch Werke der Barmherzigkeit und der Nächstenliebe die ärgste irdische Not zu lindern (und sich so den Himmel zu verdienen), aber er hatte auf dieser vergänglichen Welt keine „neue Erde" zu konstruieren. Zudem wußten die Christen, daß sie für alle Leiden dieser Erde im jenseitigen Reich Gottes entschädigt werden und ihre Feinde dereinst die gerechte Strafe finden werden. Kurz: Die unfertige Welt war zu überwinden, nicht zu vollenden, denn das Reich Gottes, die wahre Heimat, wartet im kommenden Himmel auf uns.

Aurelius Augustinus ist ein klassischer Vertreter dieser Sicht. Mit seiner einseitig himmlisch-jenseitigen Reich-Gottes-Hoffnung hat er im Abendland für Jahrhunderte die Weichen gestellt. Berühmt ist Augustinus' Schilderung im 9. Buch seiner „Bekenntnisse": Augustinus, soeben Christ geworden, bricht mit seiner Mutter Monika, seinem Sohn Adeodatus und einigen Freunden von Mailand auf, um nach Afrika zurückzukehren. In Ostia am Tiber macht die Gruppe in einer Herberge Halt, um sich von den Strapazen der Reise zu erholen und Kraft zu sammeln für die Meeresfahrt nach Nordafrika. Da ergibt es sich eines Tages durch „Gottes Fügung", daß Augustinus allein mit seiner Mutter „angelehnt an einem Fenster stand, das die Aussicht auf den inneren Garten des Hauses hatte ... Wir unterhielten uns, wir beide nur, auf liebevollste Art und fragten uns, wie künftig das ewige Leben der Heiligen sein werde"[17]. Das Gespräch bekommt Flügel; Augustinus hebt ab und schildert – im Rahmen der damaligen Kosmologie – in einer großartigen Vision den Weg der Seele zum Himmel, zu Gott. Es ist ein Weg nach innen: durch das Getöse der Sinnlichkeit und den Aufruhr des Fleisches hindurch – zurücklassend die Bilder der Erde, des Wassers und der Luft und auch die Welt der Gestirne – rührt die Seele, nachdem sie auch Fantasie, Sprache und Vernunft hinter sich gelassen hat, schließlich schweigend an das Geheimnis des ewigen Seins. Von keinem Menschen gestört, kann die Seele nun *allein* und *unmittelbar* das Geheimnis Gottes schauend genießen. In diesem schweigenden Genuß der ewigen Weisheit erfüllen sich Augustinus' und Monikas Sehnsucht: Sie haben „mit einem einzigen vollen Herzschlag" das Geheimnis des ewigen Seins gestreift.

Während beide so miteinander reden (in Wirklichkeit redet Augustinus allein!), verliert die Welt für sie „jeden Wert", und Monika kann nur noch sagen: „Mein Sohn, ich für mein Teil fühle mich in diesem Leben durch nichts mehr angezogen. Ich weiß nicht, was ich hier noch tun soll und wofür ich da bin ..."[18]

17 Augustinus: Bekenntnisse (Übertragen von C. J. Perl, Paderborn 1963), 9. Buch, X, 23.
18 Ebd. X, 26; vgl. den ganzen Abschnitt X, 23–26; ferner H. Häring: Was bedeutet Himmel?, Zürich 1980, S. 25–29; H. Kramer: Rette deine Seele! – Hier in diesem Jammertal! In: Die größere Hoff-

Einige Tage später stirbt sie – unerwartet schnell im 56. Lebensjahr.

Der Himmel des Augustinus geht einher mit einer Entwertung der Erde, und zwar so massiv, daß Augustinus die Tränen, die er seiner toten Mutter nachweint, später wenn nicht gar als Sünde, so doch mindestens als „fleischliche Schwäche" herabmindern muß[19]. Vor dem augustinischen Himmel ist die vergängliche Welt nur trügerisches Spiel und leere Eitelkeit. Die Jenseitshoffnung ist so zentral, daß alles Irdische (auch die menschliche Liebe) in seinem Eigenwert verblaßt.

Wird aber die christliche Hoffnung so einseitig als Jenseitshoffnung verstanden, droht sie zur bloßen „Jenseitsvertröstung" zu verkommen, die gegenüber dem Schmerz der Erde mehr oder weniger gleichgültig bleibt und sich folglich als ideale Partnerin irdischer Unrechtssysteme anbietet. Alle Diktatoren wünschen ja nur dies: Die Kirche und die Christen möchten sich, bitte, um die Seele und den Himmel kümmern; denn dann können diese Herren ihre schmutzigen Geschäfte ungestört weiterführen.

Das Reich Gottes umfaßt Himmel und Erde. Die christliche Hoffnung gilt nicht nur dem *Letzten* (der „Auferweckung der Toten und dem ewigen Leben"); sie mischt sich auch ins *Vorletzte*; in die notwendigen Kämpfe für eine gerechtere Welt. Wer die Erde aus der christlichen Hoffnung entläßt, riskiert, daß die christliche Hoffnung zum Opium für die Schmerzen der Leidenden hier und heute verkümmert.

Inzwischen haben Christen und Christinnen glück-

---

nung der Christen. Eschatologische Vorstellungen im Wandel, hrsg. v. A. Gerhards, Freiburg i. Br. 1990, S. 93–107.
19 Augustinus: Bekenntnisse (s. Anm. 17) XII, 33; XIII, 34.

licherweise (wieder-)entdeckt, daß das Reich Gottes auch etwas mit dieser unserer Erde zu tun hat. Die Verheißungen des Reiches Gottes sind nicht gleichgültig gegenüber irdischer Unfreiheit und Ungerechtigkeit, die das Antlitz des Menschen verunstalten. Folglich haben die Christen sich in die politischen, sozialen und ökonomischen Befreiungskämpfe einzumischen, auch mit dem Risiko, sich die Hände schmutzig zu machen. Nur so entsteht mitten unter uns der Anfang einer neuen Erde.

Allerdings gibt es heute Christen und Christinnen, die die Reich-Gottes-Hoffnung so radikal an diese Erde binden, daß für die „letzte Hoffnung" kein Platz mehr bleibt. Damit aber wird nur die augustinische Sicht umgedreht und die ganze christliche Hoffnung bleibt wieder auf der Strecke. Diese von uns zu erbauende und zu gestaltende „neue Erde", diese Diesseitsutopie – so dringlich und notwendig sie auch ist – kann nämlich noch nicht das Reich Gottes sein: Sie kann den Toten von gestern und den Gescheiterten von vorgestern nicht mehr Heimat werden. Das Neue Testament aber will, daß alle Heimat finden. Wenn unsere primären Bedürfnisse auf dieser neuen Erde auch befriedigt wären, bliebe unsere unendliche Sehnsucht immer noch ungestillt.

Sowohl eine einseitige Jenseitshoffnung als auch eine reine Diesseitsutopie verkürzen die christliche Frohbotschaft vom Reiche Gottes. Das schwierige Vermächtnis, das Jesus seinen Jüngern beim Abschied zurückgelassen hat („Ihr seid in der Welt, aber nicht von dieser Welt", Joh. 17, 11–14), ist nicht dadurch eingelöst, daß wir entweder geduldig in weltfremder Innerlichkeit nur auf den Himmel warten oder uns nur noch in ungeduldigem Aktivismus dieser unserer Erde zuwenden. Vielmehr gilt es, Himmel und Erde zu verknüpfen, wollen wir unsere Hoffnung nicht verkürzen.

Wir hoffen auf das Reich der Freiheit, der Gerechtigkeit und des Friedens; gleichzeitig machen wir die schmerzliche Erfahrung, daß es uns nicht recht gelingt, dieses Reich Gottes voll auf dieser Erde zu errichten; „denn wer ... die Erde zum Himmel machen will, macht sie zuverlässig zur Hölle"[20]. Wie ist denn dieses Mit-, In- und Nebeneinander von „letzter Hoffnung" und „vorletzten Hoffnungen" überhaupt zu denken?

1.2.2 Gottes Hände und unsere Hände

Das Reich Gottes ist ganz und gar Werk Gottes, gleichzeitig bleibt es ganz und gar menschliche Aufgabe. Das Reich Gottes ist in Jesu Wort und Tat endgültig *angebrochen* und soll von uns – in der Nachfolge des armen Jesus – *weitergeführt* werden, indem wir uns unter das Gesetz Christi stellen (Gal 6, 2) und uns als Friedensstifter und Barmherzige erweisen, als Menschen, die nach Gerechtigkeit dürsten und für Gerechtigkeit kämpfen (vgl. Mt 5, 3 ff.). *Vollenden* aber wird Gott selbst sein Reich – durch sein Gericht, das heißt durch seine Gerechtigkeit schaffende Macht. Sie bürgt dafür, daß mit dem Tod die „Herrschaft der Herren und die Knechtschaft der Knechte keineswegs besiegelt ist"[21], sondern eines Tages jeder und jedem Recht und Gerechtigkeit widerfahren werden. Mit den Worten der südamerikanischen Befrei-

20 O. Marquard: Moratorium des Alltags. Eine kleine Philosophie des Festes. In: Das Fest, hrsg. v. W. Haug und R. Warning, München 1989, S. 689; vgl. ferner H. J. Pottmeyer: Christliche Hoffnung zwischen Jenseitsvertröstung und Diesseitsoptimismus. In: Die größere Hoffnung ... (s. Anm. 18), S. 131–146.
21 Unsere Hoffnung. Ein Bekenntnis zum Glauben in dieser Zeit. Text der Synodenerklärung (22. 11. 1975). In: Unsere Hoffnung. Predigtmodelle zu einem Bekenntnis des Glaubens in dieser Zeit, Hrsg. v. P. Düsterfeld und H. Rolfes, Mainz 1976, S. 172.

ungstheologie: „Das letzte Wort über die Geschichte, das letzte Urteil über die Wirklichkeit der Menschen wird von keiner Macht dieser Welt, von keinem irdischen Herrscher kommen, sondern von Jesus, der von Gott, seinem Vater, als höchster Richter eingesetzt ist."[22]

Wenn das Reich Gottes ganz und gar Geschenk Gottes ist, gleichzeitig aber auch ganz und gar unsere Aufgabe bleibt, müssen wir in der Praxis des Alltags gleichzeitig zwei Wahrheiten festhalten und beherzigen:

Erste Wahrheit: Der Christ soll zusammen mit allen Menschen guten Willens aus dieser ungerechten und unfertigen Welt ein Haus der Menschen errichten. Ein Haus, in dem alle – unabhängig von Rasse und Geschlecht – nicht nur genug zu essen haben, sondern ihr Brot auch in Frieden und Freiheit essen können. (Trotz dieser drängenden Arbeit am Menschenhaus werden Christen und Christinnen sich Zeit nehmen, ihre Befreiungslieder zu singen – vielleicht auch unter Tränen – und ihre letzte Hoffnung liturgisch zu feiern.) Zu diesem Menschenhaus gehört auch ein Garten mit Flüssen und Seen, Tieren und Pflanzen, für den wir so Sorge tragen müssen, daß darin zu wandeln auch noch für unsere Kindeskinder Lust und Vergnügen sein kann. Dieses Menschenhaus und seinen Garten sollen wir gestalten und pflegen, ohne nach dem Himmel zu schielen, oder mit D. Bonhoeffer: als ob es Gott nicht gäbe (etsi Deus non daretur)[23].

22 J. B. Libânio und M. C. Lucchetti Bingemer: Christliche Eschatologie. (Bibliothek Theologie der Befreiung), Düsseldorf 1987, S. 220.
23 D. Bonhoeffer: Widerstand und Ergebung. Briefe und Aufzeichnungen aus der Haft, hrsg. v. E. Bethge, Neuausgabe, München 1970, S. 393 f. (Brief v. 16. 7. 1944).

Zweite Wahrheit: Wir dürfen froh und dankbar sein, daß Gott *ist* und er selbst in seinem Reich vollenden wird, was wir hier und jetzt angefangen haben.

Die erste Wahrheit (das Menschenhaus bauen, ohne nach dem Himmel zu schielen[24]) will dafür sorgen, daß der lebendige Gott nicht zum Lückenbüßer degradiert wird, der immer dann einspringen soll, wenn wir mit unserem Latein – manchmal aus Denkfaulheit und Bequemlichkeit – am Ende sind. Gott hat uns Augen gegeben, damit wir das Elend und die Not der Welt sehen; Gott hat uns Ohren gegeben, damit wir die Schreie der Armen hören; Gott hat uns einen Mund gegeben, damit wir für die schreien, deren Schreie niemand hören will; Gott hat uns Hände gegeben, damit wir zärtlich miteinander umgehen und kräftig zupacken, wo Hilfe gebraucht wird. Gott hat in unserem Miteinander keine anderen Augen, Ohren und Hände als die unseren.

Gleichzeitig dürfen wir (das ist die zweite Wahrheit) froh und dankbar bekennen: Gott kann auch jene noch auffangen, die unsere Hände nicht mehr zu erreichen vermögen, weil sie vielleicht gestorben sind. Weil das so ist, dürfen wir von der *Zukunft* der Toten träumen und noch für jene hoffen, die gestern und vorgestern im Kampf für eine menschlichere Welt unter – oder auch auf – die Räder geraten sind. So hat es jenem Gott gefallen, der die Toten lebendig macht und das, was nicht ist, ins Dasein ruft (Röm 4, 17).

Unser Christsein besteht ganz wesentlich im Tun des Gerechten. Soweit haben die Diesseitsutopisten recht. Der Christ hat sich entschieden auf eine Orthopraxis einzulassen, die heute, wo ungerechte Strukturen

---

24 Selbstverständlich wird uns der Geist Gottes auch bei dieser Arbeit helfen, indem er uns Mut und langen Atem schenkt.

weltweit ineinandergreifen, die privaten und nachbarschaftlichen Grenzen überschreiten muß. Aber: Wenn wir alles uns Mögliche getan haben, brauchen wir nicht zu verzweifeln angesichts des ungeheuren Sinndefizits, das bleibt. Wir dürfen dann dankbar hoffen, daß der Schöpfer und Neuschöpfer auch noch jene zu erreichen vermag, die unsere Orthopraxie nicht mehr erreicht. Mit diesem Wort der Hoffnung dürfen wir einander trösten. Das ist dann rechter Glaube: Orthodoxie.

Mit einer plakativen Formel: Handle so, als ob Gott nur deine Hände hätte; freue dich aber, daß Gott noch andere Hände hat. So kannst du nüchtern realistisch bleiben, standhaft ausharren und mutig weiterkämpfen, ohne fanatisch oder zynisch zu werden und ohne zu resignieren.

Die sogenannten Konservativen betonen gerne den Primat des Spirituellen (in diesem Fall: das Leben nach dem Tod); die sogenannten Progressiven betonen gerne den Primat des Materiellen und Irdischen (in diesem Fall: das Leben vor dem Tod) – und dann schaukelt man sich gegenseitig streitend hoch. Ein unnötiger und unfruchtbarer Streit, denn beides gehört untrennbar zusammen. Nur wer sich entschieden für diese Erde einsetzt, vermag glaubwürdig vom Himmel zu reden.

1.2.3 Die Kirche als Trägerin der Hoffnung

Wir leben und bezeugen als Christen und Christinnen diese provozierende und tröstende Hoffnung in der Gemeinschaft der Kirche, wobei wir uns all jenen besonders nahe fühlen, die neben und außerhalb der Kirche in selbstlosem Einsatz für Frieden, Gerechtigkeit und Bewahrung der Schöpfung kämpfen.

Die Kirche ist nicht einfach das Reich Gottes. (Wenn

das Reich Gottes Wirklichkeit ist, wird die Kirche, wie wir sie gegenwärtig erleben, nicht mehr sein.) Wohl aber hat die Kirche „befreiender Vortrupp und leidenschaftliche Sachwalterin des Reiches Gottes"[25] zu sein.

Damit die Kirche zu einer echten Hoffnungsgemeinschaft wird und die letzte Hoffnung, die Hoffnung für *die Toten* glaubwürdig verkünden kann, muß die Kirche zuerst einmal zur leidenschaftlichen Sachwalterin der *Lebenden* hier und heute werden.

Das geht nur, wenn sie *erstens*: immer wieder an die vergessene und verdrängte Leidensgeschichte der Menschen erinnert und ihre Stimmen jenen Kleinen und Ohnmächtigen leiht, die auf der Schattenseite unseres Planeten vegetieren müssen. Das setzt voraus, daß die Kirche, das heißt wir alle – Bischöfe, Priester, Laien, Frauen und Männer – einander für das Leiden sensibilisieren, für das Leiden vor unserer Tür, aber auch für das Leiden in der weiten Welt. Wir alle müssen einander helfen, die Mechanismen ungerechter Strukturen zu durchschauen, wie etwa das weltweite Flüchtlingselend, das weitgehend ein strukturelles Problem ist. Dann kann und soll die Kirche – meinetwegen durch den Mund ihrer offiziellen Leiter – entschieden Partei ergreifen für die Armen dieser Erde, die Schwachen und Ausgegrenzten mitten in unserer Wohlstandsgesellschaft. Es ist nicht wahr, daß die Kirche keine Macht mehr hat. In vielen Ländern dieser Erde (von Nord-, Mittel- und Südamerika über unser altes Europa bis hin nach Südkorea und den Philippinen) ist es den Herrschenden wichtig zu wissen, auf welcher Seite die Kirche steht, ob auf der Seite der Schwachen oder auf der Seite der Privilegierten.

25 K. Koch: Zwischenrufe. Plädoyer für ein unzeitgemäßes Christentum, Freiburg i. Br. 1987, S. 15.

Die Kirche könnte leidenschaftliche Sachwalterin der Lebenden (und gleichzeitig Modell für eine Welt von morgen werden), wenn sie *zweitens* in ihrem eigenen Bereich, in dem sie das Sagen hat, den Verheißungen des Reiches Gottes zum Durchbruch verhülfe. Wie? Indem sie zu einer Gemeinschaft wird, in der die Menschenrechte nicht nur gepredigt, sondern praktiziert werden, das Gewissen des einzelnen respektiert wird, der Sexismus abgeschafft wird, Konflikte im Dialog friedlich ausgetragen werden, die materiellen und geistigen Güter geschwisterlich miteinander geteilt werden.

So würde die Kirche – auch in der Praxis – immer mehr „das im Mysterium schon gegenwärtige Reich Christi"[26] und könnte glaubwürdig die letzte Hoffnung von der „Auferweckung der Toten und dem ewigen Leben" verkünden.

1.3 Hoffnung oder Resignation

Wie sieht die Wirklichkeit aus? Sind wir Christen und Christinnen hoffende Menschen, wache Träumer? Obwohl in der gegenwärtigen Weltstunde zahlreiche Lichter der Hoffnung aufgegangen sind (ich denke an den atemberaubenden Demokratisierungsprozeß in Osteuropa, an die wachsende Einsicht in den Irrsinn militärischer Hochrüstung, an die Sensibilisierung weiter Kreise für die leidende Umwelt, an das neu erwachte Interesse an der „Religion" unter jungen Menschen), scheint bei zahlreichen Christen und Christinnen unserer Kerngemeinden eine seltsame Resignation zu überwiegen. In-

26 Dogmatische Konstitution über die Kirche (Zweites Vatikanisches Konzil, 1964). Erstes Kapitel, Art. 3.

nerhalb weniger Jahre hat die Stimmung umgeschlagen: aus Hoffnung wurde Resignation.

1.3.1 Ursachen der Resignation

1.3.1.1 Die offizielle Kirche auf dem Weg zurück ins vorkonziliare Getto?

Vor dreißig Jahren war das Wort Hoffnung ein magisches Wort. Wie aufbruchbereit waren sie damals alle: Arbeiter und Studierende, Laien und Priester, Bischöfe und der Papst. Die Hoffnung ging damals auf wie ein Stern mit Zukunftsverheißung. Philosophen und Theologen schrieben Bücher über die Hoffnung, die Bestseller wurden. Das großartige Schlußdokument des Zweiten Vatikanischen Konzils „Kirche in der Welt von heute" (1965) nahm das Thema Hoffnung auf und machte sich die optimistische Zukunftsvision von Teilhard de Chardin ein Stückweit zu eigen. Der Hirtenbrief der niederländischen Bischöfe über die Hoffnung[27] und das berühmtgewordene Hoffnungspapier der Würzburger Synode der deutschen Kirche[28] klingen dazu schon wie ein Schlußakkord.

Wie schnell ging diese Zeit vorüber[29]. Statt mutig in die Zukunft zu schauen und an der Gestaltung der Welt und Kirche von morgen zu arbeiten, blicken heute viele nostalgisch in die Vergangenheit zurück und träumen von den vermeintlichen Sicherheiten der guten alten vorkonziliaren Zeit. Die „Angst" scheint wieder ein

27 Macht, Ohnmacht, Hoffnung (1974), Publik-Forum Reprint 1988.
28 Unsere Hoffnung (1975) (s. Anm. 21), S. 167–184.
29 Vgl. N. Greinacher u. H. Küng (Hrsg.): Katholische Kirche – Wohin? Wider den Verrat am Konzil, München 1986.

Merkmal der wahren Kirche zu werden. Die Resignation beginnt die Hoffnung abzulösen:

– Resignation in der Ökumene[30]. Nach der ökumenischen Aufbruchstimmung vor, während und nach dem Konzil hat sich inzwischen die Ökumene – jedenfalls hierzulande – in ein schiedlich-friedliches Nebeneinander eingependelt. Das Feuer der ersten Liebe ist erloschen. Die Kirchen scheinen Angst vor der eigenen Courage zu bekommen. Die Hierarchie – hüben wie drüben – zieht die Bremse, statt mutige Entscheidungen zu treffen, nachdem die theologischen Streitfragen ausdiskutiert sind. Jede Kirche betreibt wieder mit Vorliebe Nabelschau. Die Besinnung auf das spezifisch Eigene bindet so sehr die Kräfte, daß kaum noch Energien bleiben für die notwendigen Bemühungen um die Einheit der Kirche. Die nah geglaubte Einheit – Einheit in *versöhnter Verschiedenheit*[31] – scheint wieder in eschatologische Fernen entrückt.

– Resignation in den Kerngemeinden der eigenen Kirche: Obwohl weiterhin viel von „communio" und Geschwisterlichkeit die Rede ist, sieht die Praxis oft anders aus. Der schwierige und notwendige Dialog zwischen Hierarchie und Basis, Zentrum und Peripherie, sogenannten Konservativen und sogenannten Progressiven, ist ins Stocken geraten. „Statt dessen bildet sich eine Subkultur von Informationen, die meist einseitig, häufig falsch, immer interessegeleitet, aber nie öffentlich kontrollierbar und noch weniger korrigierbar sind. Auf diesem Weg, bei dem auch Gerüchten und Denunziationen

30 Vgl. K. Koch: Gelähmte Ökumene. Was jetzt noch zu tun ist, Freiburg i. Br. 1991.
31 Vgl. H. Fries und K. Rahner: Einigung der Kirchen – reale Möglichkeit, Freiburg i. Br. 1983 (erweiterte Sonderausgabe mit einer Bilanz „Zustimmung und Kritik" von H. Fries, 1985).

Tür und Tor geöffnet sind, ist bei der Kirchenspitze offenbar ein Bild der Situation entstanden, das mit der Realität kaum mehr etwas zu tun hat, sondern vorwiegend Aufbegehren, Glaubensschwund, Ungehorsam und mangelnde Disziplin am Werk sieht. In einem solchen Klima der Ängste und Verdächtigungen werden dann alle Meinungen und Verhaltensweisen, die nicht nahtlos mit römischen Vorstellungen übereinstimmen, nur als verwerfliche Abweichungen wahrgenommen, sogar zur Glaubenskrise hochstilisiert, und man sucht nach Wegen, die offizielle Linie durchzusetzen. Das ist wohl der Hintergrund vieler Bischofsernennungen der letzten Jahre."[32]

Bischofsernennungen ohne Rücksicht auf die Sensibilität der Ortskirche schaffen unnötigerweise Unmut und Ärger. Nur Knechte dürfen nicht wissen, was der Herr tut; in der Kirche Jesu Christi aber darf es nicht Herren und Knechte geben (vgl. Joh 15, 15; Mt 20, 25 f.). Statt geduldig aufeinander zu hören und voneinander zu lernen – die Hierarchie von der Basis und die Basis von der Hierarchie –, sind in der Kirche viele des kaum begonnenen Dialogs müde und vergessen dabei, daß wir nur dann Bild des dreieinigen Gottes sind, wenn wir Menschen des Dialogs bleiben, wie Gott selbst Dialog (Trinität) ist. Kämpferische Fundamentalisten und nostalgische Neokonservative heizen zusätzlich die Emotionen an und verkomplizieren die Lage[33]. Der sogenannte schlichte Gehorsam

32 W. Seibel: Kommunikationsstörungen in der Kirche. In: Stimmen der Zeit 115 (1990) S. 649 f.
33 Hintergrundinformationen über das heute weltweit zu beobachtende Phänomen des Fundamentalismus bieten: Th. Meyer (Hrsg.): Fundamentalismus in der modernen Welt. Die Internationale der Unvernunft, Frankfurt a. M. 1989; G. Kepel: Die Rache

wird wieder einseitig privilegiert und jedes kritische
Aufmucken als unkirchlich diskreditiert mit dem Er-
gebnis: gegenseitige Verdächtigungen kommen auf
und Resignation macht sich breit gerade unter engagierten Gliedern der Kerngemeinde[34].

– Resignation in der Frauen- und Laienfrage:
Trotz all der schönen, ja überschwenglichen Worte zur
Würde der Frau[35] haben die Frauen in der Kirche *offi-*

Gottes. Radikale Moslems, Christen und Juden auf dem Vor-
marsch, München 1991; J. Werbick (Hrsg.): Offenbarungsanspruch
und fundamentalistische Versuchung (Quaestiones disputatae,
129), Freiburg i. Br. 1991; W. Beinert (Hrsg.): Katholischer Fundamentalismus. Häretische Gruppen in der Kirche?, Regensburg
1991; S. Pfürtner: Fundamentalismus. Die Flucht ins Radikale,
Freiburg i. Br. 1991.
34 Vgl. zum notwendigen Dialog in der Kirche auch E. Schillebeeckx: Menschen. Die Geschichte von Gott, Freiburg i. Br. 1990,
S. 239–285.
35 Vgl. z. B. Die Zeit der Frau. Apostolisches Schreiben „Mulieris
dignitatem" Papst Johannes Pauls II. Hinführung von Joseph Kardinal Ratzinger. Kommentar von Elisabeth Gössmann, Freiburg i. Br.
1988. – Der Wunsch der Würzburger Synode (1975), die Frau zum
Diakonat zuzulassen, ist frommer Wunsch geblieben –. Interessant
ist dafür die Kehrtwendung in der kirchlich-theologischen Begründung, warum Frauen nicht Priester werden dürfen. Früher war die
Frau aufgrund ihres minderwertigen Geschlechts (sie galt ja seit Ari-
stoteles und den Kirchenvätern als „verunglückter Mann" – mas oc-
casionatus) *nicht würdig genug,* Jesus – den Mann – zu repräsentieren.
Heute ist die Frau *zu würdig,* als daß man sie am Hirten- und Prie-
steramt teilnehmen lassen könnte. Die Argumentation geht so: Was
letztlich im Himmel und auf der Erde zählt, ist die Liebe, die die
kirchliche Institution überragt; denn die Institution ist dazu da, die
Liebe zu wecken und sich nicht an die Stelle der Liebe zu setzen. Die
Frau, als *lebendiges Symbol der Liebe,* überragt die kirchliche Institution.
Die Frau als Frau ist folglich schon am Ziel der Kirche als Institution;
sie nimmt hienieden bereits die himmlische Gemeinschaft, in der es
keine Institution und keine Sakramente mehr gibt, vorweg. Würde
man Frauen bei so hoher Würde am Weihesakrament und an der

ziell immer noch wenig mitzuentscheiden, und zahlreiche – besonders junge – Frauen verlassen lautlos und enttäuscht die patriarchale Kirche. Zweifelsohne hat die Sensibilität für das Anliegen der Frauen in den letzten Jahren zugenommen: Es gibt in der Kirche inzwischen nicht nur Brüder, sondern auch Schwestern, auch dürfen Frauen den Vorsitz in Seelsorgeräten übernehmen – aber die leitenden Positionen in den Ordinariaten und die theologischen Lehrstühle sind nach wie vor fest in Männerhand.

Auch die sogenannten mündigen Laien werden neuestens – an einigen Orten wenigstens – wieder zurückgebunden (Verbot der Laienpredigt!). Die klerikale Bevormundung der Laien geht weiter unter gleichzeitiger Ausweitung ihrer Handlangerdienste.

– Resignation auch unter Theologen: Menschen brauchen Sündenböcke; so war es schon in biblischen Zeiten, so ist es auch heute noch. Sündenböcke entlasten und lenken von der eigenen Verantwortung ab. Was liegt deshalb näher, als Theologen für die diffus empfundene gegenwärtige kirchliche Malaise verantwortlich zu machen. Damit geschieht allerdings den Theologen zuviel der Ehre: Ihre Einflußmöglichkeiten sind viel beschränkter. Ernster zu nehmen ist die Tatsache, daß eine Berufung auf einen theologischen Lehrstuhl heute im-

kirchlichen Leitung teilnehmen lassen, käme das einer Herabsetzung ihrer Würde gleich. (vgl. Chr. Duquoc: Ambivalenz im Gedächtnis der Kirche. In: Concilium 26 (1990) 23–33) Hinter diesen Konstruktionen steht das wohlweislich unausgesprochene Bemühen, die Frauen auch weiterhin von der institutionellen Macht fernzuhalten. Außerdem lugt dahinter immer noch das alte Schema hervor, mit dem Frauen in der Kirche malträtiert wurden: entweder Eva oder Maria, entweder Hure oder Heilige, entweder Verführerin oder Angebetete. Mit den real existierenden Frauen tut sich die Kirche nach wie vor schwer.

mer komplizierter, immer undurchsichtiger wird. Es scheint, daß die bunte theologische Vielfalt – vom Konzil gewünscht – wieder einer toten Gleichförmigkeit weichen soll. Wer sich für einen Lehrstuhl bewirbt, muß bereit sein, Spießruten zu laufen. Die Kontrolle der Theologen, verbunden mit der Erpressung von Zugeständnissen und der Belohnung von „Wohlverhalten", hat inzwischen ein Ausmaß erreicht, das man vor zehn Jahren noch für unmöglich gehalten hätte. Treue-Eide sollen sie wieder schwören, die Theologen, als ob das christliche Glaubensbekenntnis nicht genügen würde, ganz abgesehen davon, daß geforderte Schwüre immer zu spät kommen.

– Resignation (nicht zuletzt) angesichts der weitverbreiteten religiösen Gleichgültigkeit. Einerseits scheint „Religion und Innerlichkeit" in allen Spielarten der New-Age-Bewegung wieder im Schwange zu sein; andererseits ist die Gleichgültigkeit und Unkenntnis bezüglich dessen, was zum festen Grund und Bestand der christlichen Botschaft gehört, unabweisbar. Diese Gleichgültigkeit, ja dieser Unglaube, die heute nicht mehr aggressiv daherkommen, breiten sich in allen Bevölkerungsschichten unseres alten Westeuropas aus und „wachsen bei Jugendlichen unter fünfundzwanzig zu einer wahren Flutwelle an"[36]. Geglückte Gegenbeispiele ändern an dieser Massenerscheinung nichts, und Ratlosigkeit befällt gar manchen, der für die Glaubensvermittlung verantwortlich ist.

36   J. P. Jossua: Bilanz des Theologischen Kongresses von CONCILIUM im September 1990 in Löwen. In: Concilium 27 (1991) 5.

1.3.1.2 Die Bedrohung des Menschenhauses

Wenn wir den Blick von den innerkirchlichen Küchenbränden (K. Koch) auf die große Welt richten, scheint der Himmel – trotz vielversprechenden Wetterleuchtens – nicht weniger verhangen:

– Trotz aller Entwicklungshilfe stauen sich die Flüchtlingsströme vor unseren Toren, und das herzlose Wort von der „Festung Europas, die es notfalls mit Waffen-Gewalt vor den Flüchtlingen und Asylsuchenden zu verteidigen gilt" beginnt sich in die Köpfe und Herzen nicht weniger einzunisten. Trotz großer Anstrengung kirchlicher und weltlicher Hilfswerke sterben stündlich 1500 Kinder an Hunger oder durch Hunger verursachte Krankheiten[37]. Gleichzeitig erreicht der Schuldenberg der Zweit- und Drittweltländer, die nicht wie die USA einfach Dollars drucken können, eine solche Höhe, daß diesen Ländern die Hoffnung auf eine bessere Zukunft für lange Zeit verbaut ist[38].

– Trotz hoffnungsvoller Abrüstungsgespräche und auch bereits vollzogener Abrüstung lagern auf unserem Planeten nach Schätzungen der Experten immer noch rund 50000 atomare Sprengköpfe unterschiedlichen Kalibers, die ausreichen, uns alle mehrfach zu vernichten[39]. Zwar droht zur Zeit kein Atominferno, und es ist

37 Vgl. das Vorbereitungsdokument für die Weltversammlung der christlichen Kirchen in Seoul 1990: Gerechtigkeit, Frieden und Bewahrung der Schöpfung. Erster Entwurf für ein Dokument der JPIC-Weltversammlung in Seoul 1990, hrsg. vom Evangelischen Pressedienst, Frankfurt a. M. 1989.
38 Vgl. Lateinamerika: Schulden und kein Ende. Was tun? Fribourg/Brig 1990; Jahrbuch Dritte Welt 1991: Daten – Übersichten – Analysen, hrsg. vom deutschen Übersee-Institut, München 1990, S. 11–17; 117–125.
39 Leicht zugängliche Informationen über Abrüstungsgespräche

zu hoffen, daß auch weiterhin die Vernunft obsiegt; dafür aber droht der unberechenbare Nationalitätsrausch mit bösen Überraschungen – jedenfalls für die nähere Zukunft. Diese ethnische Emotionalität und der – in einigen Ländern Europas – neu erwachte Rechtsextremismus zeigen, daß mit bloß materieller Reduzierung der Waffenpotentiale noch kein echter Friede garantiert ist. Es gilt auch in unseren Köpfen und Herzen abzurüsten und allmählich zu jener schwierigen Einsicht sich durchzuringen: unsere individuellen, ethnischen und nationalen Unterschiede sind letztlich keine Bedrohung, sondern eine Bereicherung. Wer kann uns lehren, das Lob der gleichwertigen Differenz zu singen? Man sollte meinen, Christen seien besonders geeignet, dieses Lob anzustimmen, weil Christen einen Gott anbeten, der in sich selbst als gleichwertige Differenz (als Trinität) lebt. In Wirklichkeit aber – falls man einer amerikanischen Untersuchung der späten siebziger Jahre immer noch glauben darf – sind Christen geneigter, den Krieg als Mittel zur Konfliktlösung zu betrachten, als Nichtchristen[40].

– Und die Umwelt? Wenn ein „Parasit" ein Lebewesen ist, das sein Dasein auf Kosten anderer fristet, ist der Homo sapiens (der Mensch) der erfolgreichste Parasit, den unsere Erde bisher gekannt hat. Als globaler Parasit unterwirft er die Erde mit allen übrigen lebenden Geschöpfen monopolistisch seinem eigenen Profit. „Für die Tier- und Pflanzenwelt", schreibt F. Oehlker, „ist der Mensch das schlechthin satanische Wesen: Mit überlegenen, unheimlichen Mächten ausgestattet, geht er in allem seiner Willkür nach. Er pflanzt die Gewächse an,

und Abrüstungsmaßnahmen findet man im: Jahrbuch Frieden 1990 und Jahrbuch Frieden 1991, (Beck'sche Reihe), München.
40 Vgl. R. Friedli: Frieden wagen. Ein Beitrag der Religionen zur Gewaltanalyse und zur Friedensarbeit, Fribourg 1981, S. 201–218.

wo und wie er mag, und er vernichtet sie wieder nach seinem Gefallen. Er verändert sie nach seinem kurzsichtigen Gutdünken ... und sie folgen ihm willig und still."[41]

In früheren Jahrhunderten starb in jedem Jahrhundert eine Pflanzen- und Tierart aus, und in demselben Zeitraum gelang es der Natur, mindestens eine neue Art hervorzubringen. So war es während aller zurückliegenden Epochen der Erdgeschichte. Seit etwa hundert Jahren aber ist dieses Aussterben drastisch und immer schneller angestiegen: „Um 1900 betrug sie bereits eine Art pro Jahr. Heute ist sie auf das ungeheure Tempo von einer Art pro Tag angewachsen. Und wenn die Beschleunigung im gleichen Tempo anhält, wird sie im Jahre 2000 die aberwitzige Höhe von einer Art pro Stunde erreicht haben. In jeder einzelnen Stunde, 24mal an jedem Tag, den Gott werden läßt, wird sich dann eine Tier- oder Pflanzenart von der Erdoberfläche verabschieden, endgültig und auf Nimmerwiedersehen."[42]

Welche Langzeitschäden die brutale Abholzung der tropischen Regenwälder – aus Not *und* Profit – zeitigen wird, ist noch umstritten (jedes Jahr verschwindet eine Fläche Regenwald viermal so groß wie die Schweiz). Die Problematik der Endlagerung hochradioaktiver Atomabfälle ist bekannt, und das Ozonloch wird jedes Jahr größer. Ohne modische, apokalyptische Horrorvisionen heraufbeschwören zu wollen, muß man ganz nüchtern festhalten: Sollte die Zerstörung der Natur im bisherigen Maß weitergehen, droht sie unwiderruflich zu werden,

---

41 Zitiert nach G. Howe: Gott und die Technik, Freiburg i. Br. o. J., S. 183.
42 H. v. Ditfurth: So laßt uns denn ein Apfelbäumchen pflanzen. Es ist soweit (Knaur Taschenbuch 3852), Hamburg 1988, S. 132.

und dann kommt auch das Ende der Menschheit in Sicht; denn der Mensch – was immer er auch sonst noch ist – ist Teil der Natur.

Dieser flüchtige und im wörtlichen Sinn „oberflächliche" Blick auf die real existierende Kirche und Welt macht heute zahlreiche engagierte Christen und Christinnen ratlos, treibt sie gar in die Resignation. Nun mögen forsche Macher diese depressive Haltung als „Alterserscheinung" diagnostizieren und sagen: „Da ist eine Kultur – die ‚abendländische' – alt geworden. Altgewordene Kulturen neigen nun einmal zur Ängstlichkeit und Weinerlichkeit – zur Depressivität. Man darf sich da nicht anstecken lassen. Man muß solches Betroffenheitsgetue als das durchschauen, was es im tiefsten ist: rückwärtsgewandte, vergangenheitsfixierte Depressionspflege von Leuten, die sich die Zukunft einfach nicht mehr zutrauen."[43] So mag man denn eine Partei gründen mit dem frohgemuten Slogan: Touch the future! Verscheucht die Schatten der Depression und Resignation, glaubt an die Zukunft und fordert sie heraus, glaubt daran, daß wir es schaffen werden[44].

Christen und Christinnen brauchen aber nicht auf eine solche Partei zu warten, denn sie glauben an einen Gott, der will, daß wir *alle* unter *allen* Umständen Zukunft und Hoffnung haben. Allerdings ist „Erfolg" kein Name Gottes. Gott ist in seinem Sohn, dem Juden Jesus von Nazareth, zuerst einmal gescheitert. Jesu neue Praxis (in Wort und Tat) wurde als Gotteslästerung empfunden, und so wurde der Bote der Liebe Gottes von den Vertretern der offiziellen Orthodoxie mit Hilfe der Römer ge-

---

43 G. Fuchs und J. Werbick: Scheitern und glauben. Vom christlichen Umgang mit Niederlagen, Freiburg i. Br. 1991, S. 14.
44 Vgl. ebd.

kreuzigt. Gott aber hat sich in Jesu Auferweckung mit dem wehrlosen Jesus am Kreuz identifiziert und uns dadurch ein Doppeltes zu verstehen gegeben: Erstens ist und bleibt die ohnmächtige Liebe der Weg, den Gottes Macht in dieser Welt gehen will – und folglich auch von den Nachfolgern und Nachfolgerinnen Jesu zu gehen ist. Zweitens wird das Scheitern nicht das letzte Wort behalten. In diesem Auferstehungslicht dürfen wir den Weg der ohnmächtigen Liebe wagen, das heißt froh und mutig kleine Zeichen der Hoffnung setzen. Statt über die Dunkelheit zu jammern, gilt es eine Kerze anzuzünden.

1.3.2 Kleine Zeichen der Hoffnung

– Den Hunger in der Welt können wir als einzelne und kleine Gruppe nicht mit einem Schlag besiegen, wohl aber können wir unser Konsumverhalten überprüfen und unsere Freizeit einer Dritt-Welt-Gruppe oder einem Dritt-Welt-Laden zur Verfügung stellen. Auch können wir uns informieren und dann unsere Stimme des Protestes jenen Hungernden leihen, die keine Stimme haben. Wir können auch versuchen, Einfluß auf Politiker und Wirtschaftsmanager zu nehmen, damit diese sich im größeren Maßstab für eine gerechtere Wirtschaftsordnung einsetzen.

– Kriege können wir als einzelne und kleine Gruppe nicht ohne weiteres verhindern, wohl aber können wir uns in einer Friedensgruppe engagieren und mit der Arbeit am Frieden im eigenen Haus beginnen. Wenn es uns gelänge, im überschaubaren kleinen Rahmen einer Pfarrei unsere Konflikte friedlich auszutragen, könnten wir andern praktisch zeigen, wie mit Konflikten produktiv umgegangen werden kann.

– Den drohenden, weltweiten ökologischen Kollaps können wir als einzelne und kleine Gruppe nicht mit irgendeinem magischen Ritus bannen, wohl aber können wir unser ökologisches Alltagsverhalten ändern, unseren Lebensstil überprüfen und zur Einfachheit und Selbstbeschränkung zurückkehren. Die ökologische Verantwortung beginnt im eigenen Haus[45]. Auch können wir jene Politikerinnen und Politiker unterstützen, die sich in Umweltfragen *wirklich* engagieren.

– Und was die Kirche angeht, können wir uns in dieser Weltstunde auf die Lokalgemeinde konzentrieren nach dem Motto: global denken, lokal handeln. Eine lebendige Kirche am Ort, eine Kernpfarrei, in der mutige Priester, Frauen und Männer in echter Partnerschaft zusammenarbeiten, kann heute zu einer einzigartigen Quelle der Hoffnung werden. Was gäbe es im Rahmen einer Pfarrei (mit all ihren Vereinen und Gruppen) nicht alles zu tun: z. B. im Zusammenhang mit der zunehmenden Fremdenfeindlichkeit in unseren Ländern, im Umgang mit Behinderten und Kranken, neuen Armen und Einsamen; mit Blick auf die Nöte der Zweiten, Dritten und Vierten Welt; im Hinblick auf die Befreiung der Frau und auch in Fragen der Ökumene. Sind bereits alle Möglichkeiten der „Ökumene am Ort" ausgeschöpft?

Wenn es uns gelänge, aus der Pfarrei eine geschwisterliche Gemeinschaft zu machen, in der niemand dis-

---

45 In seiner dramatischen ökologischen Botschaft („Friede mit Gott dem Schöpfer – Friede mit der ganzen Schöpfung" vom 1. Januar 1990) betont der Papst, daß die ökologische Krise wesentlich eine moralische Krise sei und daß der Kampf für die Erhaltung der Umwelt im eigenen Haus beginnen müsse; vgl. ferner: Ökologische Theologie. Perspektiven zur Orientierung, hrsg. v. G. Altner, Stuttgart 1989; H. Kessler: Das Stöhnen der Natur. Plädoyer für eine Schöpfungsspiritualität und Schöpfungsethik, Düsseldorf 1990.

kriminiert und ausgeschlossen wird, sondern alle – entsprechend ihren Fähigkeiten, Talenten und Temperamenten – mitsorgen würden zum Wohl des Ganzen, könnten die Pfarreien zu Hoffnungsinseln werden, mitten in einer kalten Welt.

Wenn es noch vermehrt gelänge, aus unseren Pfarreien Orte zu gestalten, die sichtbar und glaubhaft solidarisch sind mit allen, die für „Gerechtigkeit, Frieden und Bewahrung der Schöpfung" kämpfen, könnten wir zur Quelle des Mutes und der Hoffnung für viele werden. Nicht jede und jeder braucht sich an vielen Fronten zu engagieren; es wäre unendlich viel erreicht, wenn unsere Kernpfarreien Orte werden, von denen man *sicher* sein darf, daß sie für Gläubige und Ungläubige, Wissende und Zweifelnde, Heile und Gescheiterte offene Türen haben. So könnten sie Anlaufstellen für einige, Ermutigung und Trost für viele werden.

Biotope der Hoffnung werden wir nur, wenn wir unseren christlichen Ursprüngen treu bleiben. *Glaubwürdige* Hoffnungsinseln werden wir nur, wenn es uns *erstens* gelingt, unser jeweiliges Anderssein nicht als Bedrohung, sondern als Wert zu empfinden. Wenn in unserer kirchlichen Gemeinschaft jeder nicht *mehr* sein muß, als er *wirklich* ist, nicht *mehr* wissen muß, als sie *wirklich* weiß, nicht *mehr* tun muß, als er (sie) *wirklich* kann, lebten wir eine Armut vor Gott, die auch andere ermutigen könnte, an ihren Schwächen nicht zu zerbrechen[46]. Glaubwürdige Biotope der Hoffnung werden wir nur, wenn es uns *zweitens* gelingt, eine angstfreie Dialog- und Streitkultur untereinander zu entwickeln, indem wir unsere Erfahrungen (theologische und nichttheologische, mystische und

46 Vgl. E. Drewermann: Kleriker. Psychogramm eines Ideals, Olten 1989, S. 685.

profane) vermehrt miteinander austauschen. Dieses geduldige Hören aufeinander und dieses prestigefreie, demütige Lernen voneinander könnte andere neugierig machen, so daß sie es auch einmal mit unserem Wein probierten. Nur so könnten wir Nietzsche Lügen strafen, wenn er schreibt: „Bessere Lieder müßten sie mir singen, daß ich an ihren Erlöser glauben lerne: Erlöster müßten mir seine Jünger aussehen!"[47]

Nur als menschliche Menschen entsprechen wir dem göttlichen Gott, der uns erlaubt, vorbehaltlos sein und freimütig hoffen zu dürfen.

Wir können die Großwetterlage in Kirche und Gesellschaft nur wenig beeinflussen. Was aber, wenn immer mehr Christinnen und Christen den Mut und die Fantasie fänden, immer mehr Kerzen anzuzünden?[48]

47   F. Nietzsche: *Also sprach Zarthustra.* WW II, hrsg. v. K. Schlechta, S. 350.
48   Für weitere Vertiefung vgl. P. M. Zulehner: Wider die Resignation in der Kirche. Aufruf zu kritischer Loyalität, Freiburg i. Br. 1989; H. Küng: Die Hoffnung bewahren. Schriften zur Reform der Kirche, Zürich 1990: A. Müller: Der dritte Weg zu glauben. Christsein zwischen Rückzug und Auszug, Mainz 1990; Streitbare Hoffnungen zwischen Resignation und Kirchenträumen. Welcher Glaube ist überlebensfähig?, hrsg. v. K. Kirchhofer, Zürich 1990; Unsere Erfahrung mit der Kirche, hrsg. v. Marianne Müssle, Freiburg i. Br. 1991; G. Fuchs und J. Werbick: Scheitern und glauben (s. Anm. 43).

2. KAPITEL

Der Himmel muß auf Erden anfangen

Die christliche Reich-Gottes-Hoffnung – wir haben es bereits gesagt – darf weder zur reinen Jenseitsvertröstung verkommen noch auf bloße Diesseitsutopie verkürzt werden. Vielmehr gilt es, Himmel und Erde zu verknüpfen. Der Himmel muß auf Erden anfangen.

In den Jahren nach dem Zweiten Vatikanischen Konzil haben wir denn auch auf breitester Basis den Diesseitscharakter des Christentums neu entdeckt: den Wert der Arbeit, die Würde der Ehe, die notwendige Gleichberechtigung der Geschlechter (vgl. Gal 3, 28), und zwar nicht erst im Himmel, sondern schon auf Erden[49]. Wir haben neu gelernt, daß unsere Hoffnung etwas mit dieser unserer Erde zu tun hat: mit dem Einsatz für eine größere Gerechtigkeit und eine universelle Solidarität; mit dem Kampf gegen Folter und Rassismus; mit der Suche nach Frieden im Mikro-, Meso- und Makrobereich; mit der Sorge um die Bewahrung der Schöpfung. Es scheint, daß uns F. Nietzsches Wort nachträglich doch ein wenig eingeholt hat: „Ich beschwöre euch, meine Brüder, *bleibt der Erde treu* und glaubt denen nicht,

---

49   Die Tradition hat den paulinischen Satz: „Es gibt nicht mehr Juden und Griechen, nicht Sklaven und Freie, nicht Mann und Frau; denn ihr alle seid ‚einer' in Christus Jesus" (Gal 3, 28) gerne eschatologisch gedeutet. Im Himmel wird dann Gleichberechtigung zwischen Mann und Frau sein. Vgl. C. J. Pinto de Oliveira: Homme et femme dans l'anthropologie de Thomas d'Aquin. In: Humain à l'image de Dieu, hrsg. v. P. Bühler, Genève 1989, S. 165–190; vgl. auch J. B. Brantschen: Ein Gott der Männer und der Frauen. In: Wissenschaft und Glaube 3 (1989) 118–136.

welche euch von überirdischen Hoffnungen reden! Giftmischer sind es, ob sie es wissen oder nicht"[50].

Tatsächlich ging diese vielbesungene Freude an der notwendigen und wichtigen Wiederentdeckung unserer Erde einher mit einer seltsamen Sprachlosigkeit bezüglich der „letzten Hoffnung". Gewiß beteten und sangen Christen und Christinnen Sonntag für Sonntag: „Ich glaube an die Auferstehung der Toten und das ewige Leben" (Apostolisches Glaubenbekenntnis) oder: „Wir erwarten die Auferstehung der Toten und das Leben der kommenden Welt" (Das Große Glaubensbekenntnis). Diese „Erwartung" hielt sich aber in Grenzen, das Herz war bei den vielen „vorletzten Hoffnungen"; und oft blieb unklar, wie das Verhältnis der „letzten Hoffnung" zu den vielen „vorletzten Hoffnungen" zu denken sei. So darf es nicht wundern, wenn die „letzte Hoffnung" oft nur mit Schweigen geehrt wurde, wobei offen bleiben mag, ob es ein verlegenes oder ein ehrfurchtsvolles Schweigen war.

Zwar war das Wort von der „Auferweckung der Toten" nie ein selbstverständliches Wort! Paulus mußte es damals auf dem Areopag schmerzlich erfahren (vgl. Apg 17, 32). In unseren Tagen aber hat das Wort von der „Auferweckung der Toten" für viele Menschen in Westeuropa jede Plausibilität verloren, und zahlreich sind die Christen, die ein wenig ratlos und verlegen vor dieser Botschaft stehen. Diese Ratlosigkeit könnte wohl erst dann überwunden werden, wenn es gelänge, dieses Wort vom Himmel zu „erden". Solange es Theologie und Verkündigung nicht verstehen, Himmel und Erde, Diesseits und Jenseits zu verknüpfen, darf man sich nicht wundern, wenn alle jene, die sich fürs „Jenseits" interes-

---

50 F. Nietzsche: Also sprach Zarathustra (s. Anm. 47), S. 280.

sieren, bei Esoterik und Seelenwanderung Trost suchen, und die andern, die im Hier und Heute engagierten Christen, das Wort von der „Auferweckung der Toten" als bloße Vertröstung mißverstehen und es deshalb mehr oder weniger unbeachtet lassen.

Es sei deshalb, ausgehend von zwei menschlichen Erfahrungen, versucht, die Erde mit dem Himmel zu verbinden, und zwar dergestalt, daß „klar" wird: Gott will im Himmel *vollenden*, was auf Erden beginnen muß. Wie diese Vollendung allerdings aussehen wird, wissen wir nicht, brauchen es nicht zu wissen und können es nicht wissen, denn diese Vollendung ist eine Dimension des Geheimnisses jenes Gottes, der all unser Denken übersteigt, oder mit Augustinus: Wenn du meinst, du hättest verstanden, hast du es nicht mit Gott zu tun[51]. Über die „letzte Hoffnung" reden heißt nämlich – nach einer glücklichen Formulierung von Hans Urs von Balthasar – über Gott reden: „Gott ist das ‚Letzte Ding' des Geschöpfs. Er ist als Gewonnener Himmel, als Verlorener Hölle, als Prüfender Gericht, als Reinigender Fegfeuer. Er ist Der, woran das Endliche stirbt und wodurch es zu Ihm, in Ihm aufersteht. Er ist es aber so, wie er der Welt zugewendet ist, nämlich in seinem Sohn *Jesus Christus*, der die Offenbarkeit Gottes und damit der Inbegriff der ‚Letzten Dinge' ist."[52]

Die erste Erfahrung erwächst uns aus dem selbstlosen Einsatz für Recht und Gerechtigkeit, die zweite Erfahrung gründet im Geheimnis der Liebe.

---

51 „Sie enim comprehendis, non est Deus": Augustinus: Sermo 117 („De verbis Evangelii Joannis"): PL 28, Sp. 663.
52 H. U. von Balthasar: Eschatologie. In: Fragen der Theologie heute, hrsg. v. J. Feiner, J. Trütsch, F. Böckle, Einsiedeln 1957, S. 407 f.

2.1 Gottes Freude an der Gerechtigkeit

Wenn wir einander das Glück gönnen, einander im Leiden trösten, gerecht, aufmerksam und sorgfältig miteinander umgehen, Liebe und Treue wagen und Frieden machen, beginnt das Reich Gottes mitten unter uns Gestalt anzunehmen.

Nehmen wir das Tun des Gerechten mitten in dieser Welt der Ungerechtigkeit. In früheren Jahrhunderten betonte man die Nächstenliebe; heute aber, wo ungerechte Strukturen weltweit ineinander verzahnt sind, redet man lieber von Gerechtigkeit. Ich rede hier deshalb abwechselnd von Gerechtigkeit und Nächstenliebe.

2.1.1 *Wir dürfen auf Vollendung hoffen, weil GOTT Freude hat an Menschen, die sich auf Recht und Gerechtigkeit einlassen.*

Bei Matthäus 25 lesen wir:

„Wenn der Menschensohn in seiner Herrlichkeit kommt und alle Engel mit ihm, dann wird er sich auf den Thron seiner Herrlichkeit setzen. Und alle Völker werden vor ihm zusammengerufen werden, und er wird sie voneinander scheiden, wie der Hirt die Schafe von den Böcken scheidet. Er wird die Schafe zu seiner Rechten versammeln, die Böcke aber zur Linken. Dann wird der König denen auf der rechten Seite sagen: Kommt her, die ihr von meinem Vater gesegnet seid, nehmt das Reich in Besitz, das seit der Erschaffung der Welt für euch bestimmt ist. Denn ich war hungrig, und ihr habt mir zu essen gegeben; ich war durstig, und ihr habt mir zu trinken gegeben; ich war fremd und obdachlos, und ihr habt mich aufgenommen; ich war nackt, und ihr habt mir Kleidung gegeben; ich war

krank, und ihr habt mich besucht; ich war im Gefängnis, und
ihr seid zu mir gekommen. Dann werden ihm die Gerechten
antworten: Herr, wann haben wir dich hungrig gesehen und
dir zu essen gegeben, oder durstig und dir zu trinken gegeben?
Und wann haben wir dich fremd und obdachlos gesehen und
aufgenommen, oder nackt und dir Kleidung gegeben? Und
wann haben wir dich krank oder im Gefängnis gesehen und
sind zu dir gekommen? Darauf wird der König ihnen antwor-
ten: Amen, ich sage euch: Was ihr für einen meiner geringsten
Brüder getan habt, das habt ihr mir getan" (Mt 25, 31–40).

Was an dieser Schilderung des „Jüngsten Gerichts" immer wieder erstaunt und nachdenklich stimmt, ist die
Tatsache, daß Gott uns am Ende der Tage vieles nicht
fragen wird, was uns hier und heute wichtig erscheint
und worüber wir uns zur Zeit in der Kirche heftig streiten.

Gott wird uns am Tage des Gerichts nicht fragen, ob
wir konservativ oder progressiv waren, ob wir „Timor
Domini" oder die „Orientierung" gelesen haben, ob
wir für Meßdienerinnen oder für Meßbuben waren, ob
wir mit Sympathie in Richtung Ecône oder eher nach
Tübingen geschielt haben, ob wir an diese Privatoffen-
barung oder jene (Marien-)Erscheinung geglaubt haben,
sondern viel hautnaher, viel prosaischer: Ich war hungrig, hast du mir zu essen gegeben? Ich war durstig, hast
du mir zu trinken gegeben? Ich war fremd und obdachlos, das heißt, ich war Gastarbeiter und Asylsuchender
in deinem reichen Land, hast du mich aufgenommen?
Ich war krank, hast du mich besucht? Ich war im Gefängnis, bist du zu mir gekommen?

Der Weltenrichter identifiziert sich mit den Ärmsten der Armen und gibt uns damit zu verstehen, daß
der notleidende, beleidigte und beschädigte Mensch ein

privilegierter Ort ist, an dem wir dem lebendigen Gott begegnen können. So wichtig ist für den menschenfreundlichen Gott der Mensch, daß wir ihm selbst im Kleinsten und Gezeichnetsten der Menschen begegnen.

Im Christentum geht es nicht in erster Linie um geistreiche Theorien und orthodoxes Reden (vgl. Mt 7, 21), sondern vor allem um ein neues Tun (vgl. Lk 10, 25–37; Gal 6, 2). Die Orthodoxie wurde und wird immer wieder einseitig hochgelobt, wobei vergessen wird, daß Jesus in die Nachfolge ruft (vgl. Mk 8, 34), und Nachfolge ist Praxis. Das im Christentum zentrale Gebot der Gottes- und Nächstenliebe ist im Grunde – wie Karl Rahner uns einzuschärfen nicht müde wurde[53] – ein Gebot: Wir ehren Gott, wenn wir die Menschen (und die anderen Mitgeschöpfe) ehren, wie der heilige Kirchenvater Irenäus noch wußte. Und wir ehren die Menschen in dieser Welt des Hungers, der großen Einsamkeit und der Folter, wenn wir ihnen Recht und Gerechtigkeit (und Liebe) widerfahren lassen.

Aber: Wer sich in der Praxis auf Recht und Gerechtigkeit einläßt, ohne zu mogeln, der kann immer noch sein blaues Wunder erleben. Wer sich nämlich kompromißlos einsetzt, daß seinem Bruder Recht und seiner Schwester Gerechtigkeit zuteil werden, der gerät angesichts der Widerstände der Welt sehr oft ins Leiden, ja ans Kreuz[54]. Unsere Schwestern und Brüder in totalitären oder von korrupten Clans regierten Ländern zeigen uns besonders drastisch, was es heißt, praktisch und konkret die Ungerechtigkeit beim Namen zu nennen,

53 Vgl. Karl Rahner: Über die Einheit von Nächsten- und Gottesliebe. In: Schriften zur Theologie VI, Einsiedeln 1965, 277–298.
54 Immer noch lesenswert der Artikel von L. Boff: Das Leiden, das aus dem Kampf gegen das Leiden erwächst. In: Concilium 12 (1976) 547–555.

gegen die Verletzung der Menschenrechte zu protestieren[55].

– Weil der große evangelische Theologe und Christ Dietrich Bonhoeffer sich zur Verteidigung seiner Brüder und Schwestern gegen die Verbrechen des Tyrannen Hitler aufgelehnt hat, wurde er von Nazischergen am Galgen aufgehängt.

– Weil der Bischof Oscar A. Romero in San Salvador sich für die Rechtlosen und Mundtotgemachten eingesetzt hat, wurde er am Altar erschossen von den Herrschenden, deren Kreise er störte[56].

– Weil die kolumbianische Ordensfrau Teresa de Jesus Ramirez Venegas sich für das Recht und die Würde der gequälten Landarbeiter stark gemacht hat, wurde sie von gedungenen Schergen ermordet.

– Weil der polnische Priester Popieluszko sich für Freiheit und Recht seiner Landsleute eingesetzt hat, wurde er von der Geheimpolizei zu Tode geprügelt.

Diese vier Namen stehen hier für unzählige namenlose Christinnen und Christen, die hinter den Türen von Folterzellen schreien und hinter Stacheldrahtverhauen dahinvegetieren müssen, „nur" weil sie sich konkret und praktisch für eine größere Gerechtigkeit eingesetzt haben[57]. „Die Welt ist voll geschlachteter Güte und voll re-

---

55 Vgl. J. Sobrino: Sterben muß, wer an Götzen rührt. Das Zeugnis der ermordeten Jesuiten in San Salvador: Fakten und Überlegungen, Fribourg i. Üe/Brig 1990.
56 Vgl. G. Collet und J. Reichsteiner (Hrsg.): Vergessen heißt verraten. Erinnerungen an Oscar A. Romero zum 10. Todestag, Münster 1990; J. R. Brockman: Oscar Romero. Eine Biographie, Freiburg/CH 1990.
57 Ein Blick in einen modernen „Heiligenkalender" vermöchte das Gesagte weiter zu konkretisieren. Vgl.: Sie leben im Herzen des Volkes. Lateinamerikanisches Martyrologium (mit einem Vorwort von J. B. Metz), hrsg. vom Instituto Histórico Centroamericano, Düssel-

üssierender Verbrecher, mit langem, friedlichem Lebensabend", schreibt der jüdische Philosoph Ernst Bloch[58].

Es ist auch in unserem freiheitlichen, demokratischen Land, auf das wir zu Recht ein wenig stolz sind, keine Selbstverständlichkeit, sich für die Ärmsten der Armen *entschieden* einzusetzen: für Asylsuchende und Menschen (vor allem Ausländer) in Untersuchungshaft, für vergewaltigte Frauen und durch Inzest geschändete Kinder. Das bringt Ärger. Wer gegen Geldwäscher und Spekulanten seine Stimme erhebt, macht sich Feinde. Der Gerechte ist sehr oft der Dumme, denn Lügen haben lange Beine, und unrecht Gut gedeiht prächtig. Wie die Welt nun mal ist, scheint es vernünftiger, mit den Wölfen zu heulen. Hat Sigmund Freud, der genaue Kenner der menschlichen Seele, recht, wenn er bemerkt, das großartige Gebot der Nächstenliebe sei unvernünftig und undurchführbar?[59] Und Heinrich Heine spottet: „Friedliche Gesinnung. Wünsche: bescheidene Hütte, Strohdach, aber gutes Bett, gutes Essen, Milch und Butter, sehr frisch, vor dem Fenster Blumen, vor der Türe einige schöne Bäume, und wenn der liebe Gott mich ganz glücklich machen will, läßt er mich die Freude erleben, daß an diesen Bäumen etwa sechs bis sieben meiner Feinde aufgehängt werden. Mit gerührtem Herzen werde ich ihnen vor ihrem Tode alle Unbill verzeihen,

dorf 1984. In diesem Martyrologium werden (vom 1. Januar bis 31. Dezember) Namen bekannter und unbekannter Christinnen und Christen festgehalten, die in jüngster Zeit ihren Einsatz für eine größere Gerechtigkeit mit einem gewaltsamen Tod bezahlen mußten.
58   E. Bloch: Das Prinzip Hoffnung, dritter Band, Frankfurt a. M. 1959, S. 1300.
59   Vgl. S. Freud: Das Unbehagen in der Kultur. In: S. Freud: Studienausgabe, Bd. IX: Fragen der Gesellschaft – Ursprünge der Religion, hrsg. v. A. Mitscherlich, A. Richards, J. Strachey, Frankfurt a. M. 1974, S. 239, 268.

die sie mir im Leben zugefügt – ja, man muß seinen Feinden verzeihen, aber nicht früher, als sie gehenkt wurden."[60] Das ist ehrlich und zeugt von Menschenkenntnis.

Sind wir überfordert? Ist die Bibel weltfremd und Jesus naiv, wenn sie Nächstenliebe und Gerechtigkeit als gottgemäße Lebensweise uns ans Herz legen? Keineswegs: Jesus weiß aus eigener Erfahrung, daß der Gerechte in der Welt viel leiden muß. Aber Jesus weiß auch, daß sein Vater noch andere Hände hat als wir und deshalb die von uns angefangene Gerechtigkeit in seinem Reich vollenden wird: Wenn Geduld, Liebe, Tapferkeit des Herzens am Boden liegen, dann gelten Jesu Seligpresungen den *darüber* Leidtragenden, den *deshalb* nach Gerechtigkeit Hungernden, den *trotzdem* Barmherzigen: „Selig sind, die hungern und dürsten nach der Gerechtigkeit, denn sie werden gesättigt werden ... Selig sind, die um der Gerechtigkeit willen verfolgt werden; denn ihrer ist das Himmelreich" (Mt 5, 6 und 10). Jesus nahm Gott ein für allemal für alle diejenigen in Anspruch, die in der Gegenwart der Welt auf das Kommen der Gerechtigkeit *angewiesen* bleiben. Du hast Zukunft, Gott ist deine Zukunft, sagt Jesus zu allen, die um der Gerechtigkeit willen leiden müssen, denn sein Vater hat Freude an der Gerechtigkeit. Weil *Gott* Freude hat am Menschen, der das Gerechte tut, wird der treue Gott nicht der himmelschreienden Ungerechtigkeit das letzte Wort überlassen. Deshalb „erwarten wir, seiner Verheißung gemäß, einen neuen Himmel und eine neue Erde, in denen die Gerechtigkeit wohnt" (2 Petr 3, 13).

---

60 H. Heine: Aufzeichnungen. In: Heine, Sämtliche Schriften, sechster Band, erster Teilband, hrsg. v. K. Briegleb, Darmstadt 1975, S. 653.

Der Himmel ist kein „Privat-Zückerchen" für Satte und Selbstgerechte, wohl aber wird der treue Gott dafür sorgen, daß das Grab nicht der letzte Ort für Gerechte wie Ungerechte bleiben wird. Mit der Gerechtigkeit anfangen, das ist unsere Aufgabe, die Gerechtigkeit vollenden, das bleibt Gottes Sache. So hat Jesus gedacht.

Wer ist also Gott? Gott ist derjenige, dem allein wir Hoffnung schuldig sind, während wir einander Recht und Gerechtigkeit schulden, auch wenn uns dieser Einsatz für solidarische Beziehungen und gerechtere Strukturen ins Leiden führt. Billiger ist Gott (der Himmel) nicht zu „haben"; denn Gott will Gott bleiben.

2.1.2 Menschliches Wunschdenken oder Treue Gottes?

Beruht diese unsere Hoffnung, Gott werde der Gerechtigkeit zum Sieg verhelfen – wenn nicht in unserer Welt, so in seinem Reich –, vielleicht nur auf menschlichem Wunschdenken? Wir wünschen es so, aber ist es auch so? Sind wir mit unserer Hoffnung auf die Auferweckung der Gerechten (Gerechte im biblischen Sinn) noch *hellwache* Träumer oder bloß kindlich-naive Wunschdenker? Mehr noch: Ist der Wunsch nach „ewigem Leben" überhaupt ein echter menschlicher Wunsch oder nur „Happy-End-Denken" kindlich gebliebener Erwachsener? Der deutsche Philosoph Ludwig Feuerbach (1804–1872) vermutet das letztere. Hören wir ihm deshalb ein wenig zu. Seine Widerrede kann uns helfen, unsere Hoffnung zu vertiefen und unseren Gott, den treuen und gerechten, besser zu verstehen. Ludwig Feuerbach hat die traditionelle christliche Sicht auf den Kopf gestellt: Nicht Gott (so Feuerbach) habe den Menschen erschaffen, sondern die Menschen hätten Gott und Götter als *Wunscherfüller* erfunden[61]. Um die Religion zu verstehen, gelte es deshalb, die *Wünsche* der Menschen zu kennen; denn hinter jedem Gott verberge sich ein menschlicher Wunsch.

Die Heiden hatten beschränkte, sinnliche, materielle Wünsche, und folglich waren ihre Götter auch nur sinnliche, materielle, beschränkte Wesen. (Inzwischen können viele Menschen sich diese „heidnischen" Wünsche mit Hilfe der Wissenschaft und Technik selber erfüllen, und folglich sind die heidnischen Götter hierzulande gestorben.) Die Christen hingegen haben überirdische, überweltliche Wünsche, und folglich ist der Gott der Christen auch ein überirdisches, übersinnliches Wesen.

Alle Wünsche der Christen lassen sich in den einen Wunsch zusammenfassen: glücklich zu sein. Folglich ist der christliche Gott „nichts als der in der Phantasie befriedigte Glückseligkeitswunsch des Menschen"[62]. Worin sieht der Christ sein Glück? Was ist sein innigster Wunsch? Antwort: Es ist der Wunsch, den Tod zu besiegen. Damit steht Feuerbachs These fest: Das Grab des Menschen ist die Geburtsstätte des Gottes. Der Wunsch nach Unsterblichkeit hat den (christlichen) Gott auf die Altäre und in die Tempel geholt[63].

In Wirklichkeit aber – so Feuerbach – ist der Wunsch nach Unsterblichkeit gar kein echter Wunsch; denn alle echten Wünsche kann der Mensch sich selber erfüllen, wenn nicht heute, so morgen. Der Wunsch nach Unsterblichkeit ist vielmehr ein abnormaler, eingebildeter

---

61 Vgl. L. Feuerbach: Vorlesungen über das Wesen der Religion. Ges. Werke, Bd. 6, hrsg. v. W. Schuffenhauer, Berlin 1967 (bes. fünfundzwanzigste bis dreißigste Vorlesung), S. 254–320.
62 Ebd., S. 274 f., 258.
63 Vgl. ebd., S. 41, 299, 302, 307, 308.

Wunsch[64]. Der Mensch wünscht sich nur keinen frühzeitigen, keinen gewaltsamen, keinen schrecklichen Tod. Der „normale, naturgemäße Tod, der Tod des vollendeten Menschen, der sich ausgelebt hat, hat daher auch gar nichts Erschreckliches"[65]. Aber der Christ – dieser Egoist – kann sich mit der Tatsache des natürlichen Todes nicht abfinden und hat deshalb einen Gott erfunden, der ihm den Sieg über den Tod gewährt. Soweit Feuerbach.

Stimmt das? Ist wirklich das Grab des Menschen die Geburtsstätte des jüdisch-christlichen Gottes? Schon ein oberflächlicher Blick zurück auf die Anfänge des jüdisch-christlichen Glaubens genügt, um sich vom Gegenteil zu überzeugen. Israel hat jahrhundertelang seinen Gott verehrt, ohne daß der einzelne Israelit auf ein persönliches Weiterleben nach dem Tod oder gar auf ein ewiges Leben gehofft hätte[66]. Der katholische Exeget J.

64 Feuerbach muß alle Wünsche und Sehnsüchte des Menschen, die über diese Welt hinausgehen, *verketzern*, weil der Optimist Feuerbach sonst zugestehen müßte, daß die Natur ein Wesen hervorgebracht hat, das nach mehr hungert, als die Welt ihm zu geben vermag (vgl. ebd., S. 311 ff.). Sigmund Freud ist in dieser Frage hellsichtiger. Auch für Freud sind die Sätze der Religion „nicht Niederschläge der Erfahrung oder Endresultate des Denkens, es sind Illusionen, Erfüllungen der ältesten, stärksten, dringendsten Wünsche der Menschheit; das Geheimnis ihrer Stärke ist die Stärke dieser Wünsche" (S. Freud: Die Zukunft einer Illusion. In: Studienausgabe, Bd. IX, S. 164). Freud aber – im Unterschied zu Feuerbach – gesteht zu, daß der Mensch einen Wunschüberschuß mit sich herumträgt, der durch nichts in der Welt ganz gestillt werden kann; aber „die Absicht, daß der Mensch ‚glücklich‘ sei, ist im Plan der ‚Schöpfung‘ nicht enthalten" (S. Freud: Das Unbehagen in der Kultur. In: Studienausgabe, Bd. IX, S. 208).
65 L. Feuerbach: Vorlesungen . . . (s. Anm. 61), S. 311.
66 Vgl. zum folgenden: G. Greshake: Tod und Auferstehung. In: Christlicher Glaube in moderner Gesellschaft, Teilband 5, Freiburg i. Br. 1980. S. 94–99; H. Vorgrimler: Wir werden auferstehen (Herderbücherei, 888), Freiburg i. Br. 1981, S. 53–68; F. J. Nocke: Eschatolo-

Gnilka faßt nur die Ergebnisse der Forschung pointiert zusammen, wenn er schreibt: „Das Alte Testament in seinen wesentlichen Bestandteilen, von wenigen Schriften der jüngsten Schicht abgesehen, ... kennt noch nicht die Vorstellung von einem Leben des Menschen nach dem Tod, es redet nicht von einem Jenseits. Jahve ... gewährt den Menschen das Leben nur auf dieser Erde ... Das Alte Testament hat die Grenze über den Tod hinaus nicht überschritten."[67]

Israel sah den Tod sehr nüchtern und realistisch: Er ist das natürliche, unwiderrufliche Ende eines gelungenen Lebens. Alt und lebenssatt sterben zu dürfen, galt als Segen Gottes – nur der frühzeitige Tod und der Tod in der Fremde wurden als Fluch empfunden. Gott allein ist der Ewige. Alles andere zerfällt wieder zu Staub, auch der Mensch (vgl. Ps 90, 3; Gen 3, 19). Der Mensch entgeht dem Gesetz des Irdischen nicht (Jos 23, 14): Seine Tage sind wie Gras, er blüht wie die Blume des Feldes (vgl. Ps 103, 15). Das Gras verdorrt, die Blume verwelkt, doch das Wort unseres Gottes bleibt in Ewigkeit (Jes 40, 6 und 8).

Es macht keinen Sinn, sich gegen den Tod zu sträuben, denn er ist das Los, das allen Sterblichen von Gott

gie, Düsseldorf 1982, S. 58 ff.; A. R. van de Walle: Bis zum Anbruch der Morgenröte. Grundriß einer christlichen Eschatologie, Düsseldorf 1983, S. 50–85; M. Kehl: Eschatologie, Würzburg 1986, S. 124–134; W. Berg: Jenseitsvorstellungen im Alten Testament mit Hinweisen auf das frühe Judentum. In: Die größere Hoffnung ... (s. Anm. 18), S. 28–58; A. Deißler: Was wird am Ende der Tage geschehen? Biblische Visionen der Zukunft, Freiburg i. Br. 1991, S. 103–112; J. Moltmann: Theologie der Hoffnung. Untersuchungen zur Begründung und zu den Konsequenzen einer christlichen Eschatologie, München 1969, S. 85–124.
67 J. Gnilka: Die biblische Botschaft von Himmel und Hölle – Befreiung oder Versklavung? In: Ungewisses Jenseits? Himmel – Hölle – Fegefeuer, hrsg. v. G. Greshake, Düsseldorf 1986, S. 16–18.

bestimmt ist (vgl. Sir 41, 4). Auch nützt es niemandem, über einen Toten allzulang zu trauern: „Laß von der Erinnerung an ihn ab und denk an die Zukunft. Denk nicht mehr an ihn; denn es gibt für ihn keine Hoffnung. Was kannst du ihm nützen? Dir aber schadest du. Denk daran, daß seine Bestimmung auch deine Bestimmung ist: gestern er und heute du" (Sir 38, 20–22).

Wohl aber darf man sich am Leben, dieser kostbarsten Gabe Gottes, freuen – ohne schlechtes Gewissen! Anstatt einem illusionären Rundum-Glück nachzurennen, gilt es, sich am Fragment zu freuen: „Iß freudig dein Brot und trink vergnügt deinen Wein; denn das, was du tust, hat Gott längst so festgelegt, wie es ihm gefiel. Trag jederzeit frische Kleider und nie fehle duftendes Öl auf deinem Haupt. Mit einer Frau, die du liebst, genieß das Leben alle Tage deines Lebens voll Windhauch, die er dir unter der Sonne geschenkt hat. Denn das ist dein Anteil am Leben und an dem Besitz, für den du dich unter der Sonne anstrengst" (Koh 9, 7–9)[68].

Lange vor Feuerbach hat Israel den Tod als natürliches Ende eines gelungenen Leben gesehen und *gleichzeitig* seinen Gott angebetet, gelobt und ihm gedankt. In Israel war das Grab des Menschen keineswegs die Geburtsstätte Gottes.

Das Leben hier und jetzt – verstanden als Gemein-

---

68 Zweifelsohne gibt es in der Bibel auch ganz andere Stimmen; aber: Wenn wir die Stimme des Kohelet – auch sie ist Gottes Stimme – vergessen, geht die Polyphonie des Lebens verloren. Weil diese Stimme nicht nur verdrängt, sondern oft auch madig gemacht worden ist, hat in der post-freudschen Zeit die Rede vom „Himmel" viel an Glaubwürdigkeit eingebüßt. Wer das Fragment verdächtigt, hat kein Recht, vom Ganzen zu reden; wer die Erde madig macht, kann nicht mehr glaubhaft vom Himmel reden, wie wir noch sehen werden.

schaft mit Gott und den Mitmenschen – ist für Israel das Entscheidende. Am Schicksal der Toten hingegen ist Israel zunächst wenig interessiert, und so kennt es denn auch keinen Totenkult, ganz im Unterschied zu den umliegenden Kulturen. Selbstverständlich hat auch Israel – beeinflußt durch seine Umgebung – über die Toten nachgedacht. Nach dem Tod steigt der „Mensch" in die Unterwelt, in die Scheol hinab. Das Totenreich ist das Land des Staubes und der Schatten, der Finsternis und der Stille. Dort führt der Verstorbene ein schemenhaftes Dasein ohne Gemeinschaft mit Gott und den Menschen. Im Totenreich herrscht das Gesetz der Nivellierung: Ob einer auf Erden gerecht oder böse, reich oder arm war, ob er in der Blüte der Jugend sterben mußte oder erst im hohen Alter – in der Scheol sind alle gleich: nichtige Schatten (vgl. Koh 9, 1–6). Nicht der Tod selber ist für den Frommen das Schlimme, sondern die Tatsache, daß er in der Unterwelt von Gott getrennt ist: Tote können Gott nicht loben (Ps 115, 17); ja Gott selbst denkt nicht mehr an die Toten (Ps 88, 6)[69]. Ob man dieses trostlose, beziehungs- und kommunikationslose Schattendasein in der Unterwelt noch als „Existenz" bezeichnen will oder besser als „Nichtexistenz" kennzeichnet, läuft letztlich aufs gleiche hinaus[70]. Sicher ist:

---

69   Im weiteren Nachdenken über die Scheol gelangt Israel zur Erkenntnis, daß Gott auch Herr über die Scheol ist (vgl. Am 9, 1–3; Hos 13, 14; 1 Sam 2, 6), weil alles andere dem universalen Anspruch seines Gottes widersprechen würde. Aber: Wird Gott sein Herrsein über die Scheol auch irgendwie manifestieren? Diese Frage blieb lange Zeit ohne Antwort.
70   J. Gnilka vertritt die Ansicht, daß die Scheolbewohner in Wirklichkeit nicht mehr existieren (vgl. Anm. 67). Sein Kollege A. Deißler meint hingegen: Das Alte Testament „kennt in seiner klassischen Zeit tatsächlich kein ‚Fortleben' im Sinne einer entfalteten und gefüllten Lebendigkeit, aber eine Art ‚Noch-Vorhandenheit' wird immer an-

Die Aussicht auf die Scheol vermag die Wünsche der Lebenden nicht zu mobilisieren, ihre Sehnsüchte nicht zu wecken. Im Gegenteil: über dieses triste „Noch-Sein" und doch „Nicht-mehr-leben" kann der Lebende nur klagen. Die Scheol bleibt das Land des Vergessens, das Land ohne Wiederkehr.

Trotzdem stirbt der alttestamentliche Mensch nicht ohne Hoffnung; denn sein Name lebt in seinen Söhnen weiter und damit in der Gemeinschaft der Sippe, des Stammes und des Volkes. Aufschlußreich ist die Schilderung des Todes des Stammvaters Jakob (Gen 48–50). Jakob stirbt voll Hoffnung, alt und lebenssatt im Kreise seiner Söhne und Enkel, die seinen Namen und sein Andenken weitertragen werden[71]. Schrecklich aber war es, ohne männliche (!) Nachkommen sterben zu müssen; denn dann drohte der eigene Name auszusterben.

Wie kommt es vor diesem Hintergrund an den Rändern des Alten Testaments zur Hoffnung auf eine Zukunft nach dem Tod? Viele Faktoren haben zusammengespielt (menschliche Erfahrungen, religiöse Überlegungen, gesellschaftliche Umwälzungen), die in Israel im zweiten und ersten Jahrhundert vor Christi Geburt schließlich zur ausdrücklichen Hoffnung auf die Auferweckung der Toten geführt haben. Dieses komplexe Geschehen kann hier nicht nachgezeichnet werden. Wir müssen uns damit begnügen – bewußt einseitig – einige wenige Stationen dieser Entdeckung anzuleuchten.

genommen, und diese meint ein schattenhaftes Dasein in der Scheol, d. h. der ‚Unterwelt'" (A. Deißler: Was wird am Ende der Tage geschehen? [s. Anm. 66], S. 103 f.) Der Systematiker J. Ratzinger bringt's auf den Begriff: „Sein und Nichtsein zugleich – ein irgendwie Noch-Sein und doch Nicht-mehr-leben" (J. Ratzinger: Eschatologie, Regensburg 1977, S. 75).

71   Vgl. auch Gen 25, 8; Ijob 42, 16f.

Anfänglich lebt Israel seinen Glauben an Jahwe in einem festen Sippenverband: als Großfamilie und Stamm, als Gemeinschaft und Volk. Die Hoffnung richtet sich auf die Zukunft des Volkes auf dieser Erde. Das Volk als ganzes hat Zukunft, weil der treu mitgehende Bundesgott sein (oft treuloses) Volk nie aufgibt, sondern ihm durch Strafe und Gericht hindurch immer neu Zukunft verheißt und schenkt. Die Hoffnung des einzelnen bleibt radikal hineinverwoben in die Hoffnung der Gemeinschaft.

Erst als allmählich das Individuum „erwacht" – zu diesem Erwachen auf religiöser Ebene haben die Propheten beigetragen[72] – erwacht auch die Frage nach der Zukunft des einzelnen angesichts des unausweichlichen Todes. Die Klagen über die Vergänglichkeit des Lebens und die Bitterkeit des Todes werden lauter[73], und die Frage bricht auf: Wenn erfülltes Leben in geglückter Kommunikation mit Gott (und den Menschen) besteht und wenn Gott Herr über Leben und Tod ist[74], warum soll dann diese Beziehung zu Gott im Tod abbrechen, warum soll Gott der Gerechten nicht mehr gedenken (vgl. Ps 88, 6)? Diese Frage wird deshalb drängend, weil Menschen erfahren müssen, daß nicht jedem gottesfürchtigen und rechtschaffenen Menschen hohes Alter und Nachkommenschaft beschieden sind. Im Gegenteil: die lange Zeit für richtig gehaltene Weisheit „Wie man lebt, so ergeht es einem", erweist sich als brüchig, ja falsch; denn Gauner haben oft Glück und Erfolg, während Gerechte mitten im Leben eines bösen Todes sterben müssen. Wie geht das zusammen mit dem Glauben an die Treue und Gerechtigkeit Gottes?

72 Vgl. z. B. Ez 18, 1–20; Jer 31, 29 f.; Jes 43, 1.
73 Vgl. Ps 89, 48 f.; Ps 39, 5–8; Ps 90.
74 Vgl. Anm. 69.

Diesen offenen Widerspruch, den Ijob hinausschreit und der bei Kohelet religiöse Skepsis hervorruft, trägt der fromme Beter weinend und klagend vor seinen Gott, und dabei wird ihm die Gewißheit zuteil: „Du hältst mich an meiner Rechten, ich bleibe immer bei dir. Du leitest mich nach deinem Ratschluß und nimmst mich am Ende auf in Herrlichkeit. Was habe ich im Himmel außer dir? Neben dir erfreut mich nichts auf Erden" (Ps 73, 23–25)[75]. Dem betenden Menschen wird die Erfahrung geschenkt: Die Gemeinschaft mit Gott ist *die Wirklichkeit*, und folglich muß sie stärker sein als der Tod. Gerechte und Ungerechte erwartet nicht das gleiche Los, weil der treue Gott seinen Gerechten im Tod die Freundschaft nicht kündigt.

Was in einigen späten Psalmen wie ein fernes Wetterleuchten betend erahnt wird – das Gebet als Offenbarungsgeschehen (!) –, wird dann später in theologische Bilder und Begriffe zu übersetzen versucht (Dan 12; 2 Makk 7; Weish 2–3)[76].

Eine theologische Vertiefung erfährt die Hoffnung auf eine Zukunft des Gerechten über den Tod hinaus im zweiten Buch des Jesaia (Deuterojesaja). Der Gottes-

---

75 Vgl. auch Ps 49, 16; Ps 16, 9–11.
76 H. Vorgrimler ist zuzustimmen, wenn er mit Blick auf Psalm 73 schreibt: „Diese Hoffnung für das menschliche Ich kommt ohne gedankliche und begriffliche Vorstellungshilfen aus. Und darum stellt sie so, wie sie in Ps 73 ausgesprochen ist, einen unangefochtenen Höhepunkt dar. Mögen die begrifflichen Stützen wie ‚Leib‘, ‚Seele‘, ‚Auferstehung des Fleisches‘ und andere noch so stark in die Diskussion geraten sein: sie sind ausdrucksmäßig nicht das Beste. Sie können mit dem Satz nicht konkurrieren: ‚Nun aber bleibe ich immer bei dir‘" (H. Vorgrimler: Wir werden auferstehen [s. Anm. 66], S. 61). Das neutestamentliche Pendant dazu wird dann – durch alle zeitbedingten Konnotationen hindurch – lauten: „Dann werden wir immer beim Herrn sein" (1 Thess 4, 17b).

knecht, diese geheimnisvolle Gestalt des Gerechten, muß in dieser Welt leiden, gar den Tod erleiden, nicht wegen eigener Sünden, sondern weil er anderen einen Zugang zum Leben und zur Gerechtigkeit öffnet. Dieses stellvertretende Leiden des Gerechten ist deshalb mit der Gerechtigkeit Gottes vereinbar, weil Gott dem Gottesknecht durch den ungerechten Tod hindurch neues Leben schenkt (vgl. Jes 52, 13–53, 12).

Eine letzte Zuspitzung erfährt die Frage nach der Treue und Gerechtigkeit Gottes durch die Tatsache, daß Gerechte gerade wegen ihrer Treue zum Gesetz Gottes verfolgt werden. Der Glaube an die Gerechtigkeit Gottes gerät dadurch in eine tiefe Krise: Entweder ist Gott ohnmächtig, die Seinen zu beschützen, die aufgrund ihrer Treue zum Gesetz umgebracht werden, oder Gott muß sich stärker erweisen als der Tod. Wenn Leben „Gemeinschaft mit Gott" bedeutet und wenn der Gerechte, um diese „Gemeinschaft mit Gott" nicht zu verraten, sich sogar umbringen läßt, so ist um Gottes willen, das heißt um der Gerechtigkeit willen zu erwarten, daß Gott diesen Märtyrern neues Leben schenkt.

Vor diesem Hintergrund – es ist die Zeit der großen seleukidischen Judenverfolgung – entstehen die letzten Bücher des Alten Testaments: Daniel, das zweite Buch der Makkabäer und das Buch der Weisheit. Alle drei Bücher verkünden – jedes auf seine Art – zum ersten Male ausdrücklich die Auferweckung der Gerechten, das neue Leben der Märtyrer[77].

77 Im 12. Kapitel des Danielbuches ist die Auferweckung der Gerechten eine Art „irdischer" Auferweckung: Die Gerechten, die im Land des Staubes schlafen, werden zu einem neuen Leben auf dieser Erde erwachen. In 2 Makk 7 ist eine „eschatologische" Auferweckung in Gottes neuen Himmel anvisiert (vgl. U. Kellermann: Auferstanden in den Himmel. 2 Makkabäer 7 und die Auferstehung der Märtyrer, Stuttgart 1979).

Diese Auferstehungshoffnung ist *Heils*botschaft: Sie gilt den Gerechten und Märtyrern; die Gottlosen und Verfolger bleiben im Tod, im Nichts[78]; zudem wurzelt diese Frohbotschaft allein in der Treue und Schöpfermacht Gottes[79]. Auferweckung meint Neuschöpfung Gottes.

Wir dürfen abschließend festhalten: Die Hoffnung auf die Auferweckung der Gerechten ist an den Rändern des Alten Testaments nicht aus irgendwelchen Unsterblichkeitswünschen oder gar aus philosophischen Unsterblichkeitstheorien entstanden, sondern aus einer Vertiefung des Gottesglaubens. *Gottes* Freude an der Gerechtigkeit wurde betend und reflektierend entdeckt. Die Meinung Feuerbachs: „Der Mensch glaubt nicht an die Unsterblichkeit, weil er an Gott glaubt, sondern er glaubt an Gott, weil er an die Unsterblichkeit glaubt"[80] ist umzukehren; dann erst gibt sie die historische Wahrheit der Bibel wieder. Aus der gelebten Erfahrung der *Gemeinschaft mit Gott* erwuchs dem Beter die Gewißheit: diese Gemeinschaft mit Gott muß den (biologischen) Tod überdauern. Anders formuliert: *Gottes* Treue und Gerechtigkeit können nur gelobt werden, wenn der lei-

---

78 Auf den ersten Blick scheint das Buch Daniel eine doppelte Auferweckung zu kennen: Die Gerechten werden zum Leben, die Ungerechten zur Schmach auferweckt. Im Sinn der Tiefengrammatik darf man aber auch hier von einer Auferweckung nur der Gerechten reden. Jedenfalls meint das B. Alfrink: L'ideée de résurrection d'après Daniel 12, 1–2. – Biblicum 40 (1959) 355–371.

79 Dies gilt – wenn auch eingeschränkt – sogar für das Weisheitsbuch, das in der hellenistischen Diaspora entstanden ist und von „Seele" und „Unsterblichkeit" redet; denn diese Unsterblichkeit *gewährt* Gott nur den Gerechten (vgl. W. Berg: Jenseitsvorstellungen . . . [s. Anm. 66], S. 48–52, 55 f.)

80 L. Feuerbach: Vorlesungen . . ., (s. Anm. 61), S. 299; vgl. auch S. 307.

dende Gerechte, insbesondere der Märtyrer, nicht im Tode bleibt.

Weil diese Auferstehungshoffnung damals im Zusammenhang mit der Erfahrung des leidenden Gerechten entdeckt worden ist, schien es angebracht, auch in unseren Tagen beim Tun des Rechts und der Gerechtigkeit (und den schmerzlichen Erfahrungen, die daraus erwachsen) anzusetzen, um die Erde mit dem Himmel zu verknüpfen.

Es muß zu denken geben, daß mittel- und südamerikanische Christinnen und Christen, die viel hautnaher als wir erfahren, was es heißt, sich konkret für Recht und Gerechtigkeit einzusetzen, weniger Probleme mit der Frohbotschaft von der Auferweckung der Gerechten haben als wir satte Europäer[81]. Für zahlreiche europäische Christen genügt es zu wissen, daß der ermordete Bischof Romero im Gedächtnis seines Volkes weiterlebt. Diese „kleine" Auferstehung bleibt aber hinter der biblischen Botschaft zurück. Sicher, der ermordete Bischof lebt im Gedächtnis seines Volkes, aber dieses Volk glaubt und hofft, daß Romero *als Person* auch im *schöpferischen Gedächtnis* des ewigen Gottes weiterlebt.

2.2 Gottes Freude an der Liebe

Nachdem wir in einem ersten Durchgang beim Tun des Rechten und der Gerechtigkeit eingesetzt haben, um die Erde mit dem Himmel zu verbinden, setzen wir diesmal bei der Liebe an. Weil Gott Freude hat an der Liebe, dürfen wir auf die Auferweckung der Liebenden hoffen.

---

81 Vgl. z. B. L. Boff: Was kommt nachher? Das Leben nach dem Tode, Salzburg 1982; J. B. Libãnio und M. C. Lucchetti Bingemer: Christliche Eschatologie, Düsseldorf 1987.

Allerdings ist das Wort „Liebe" ein arg strapaziertes und beschädigtes Wort: Es weckt nicht nur bei jeder und jedem unterschiedliche Assoziationen (je nach den eigenen Erfahrungen), sondern es muß auch objektiv für Vielerlei herhalten. Entspricht denn dem Wort „Liebe" überhaupt noch ein einigermaßen einheitliches Bedeutungsfeld? Was verbindet denn jene Liebe (Eros), die Platon im „Gastmahl" (Symposion) besingt, mit dem, was unsere frauenverachtende Unterhaltungsindustrie als „Liebe" bezeichnet und verkauft? Oder was hat unsere alltägliche Rede von der „Liebe zum Wein" gemeinsam mit der neutestamentlichen Liebe (Agape)?

Unsere deutsche Sprache zeigt in diesem Punkt eine gewisse Nachlässigkeit. Immerhin vertreten zwei so gegensätzliche Denker wie der Thomist Josef Pieper und der Begründer der Psychoanalyse Sigmund Freud die These, daß bei all den verschiedenen Redeweisen von „Liebe" sich doch etwas Gemeinsames durchhalte. Freud sieht den „Kern der Liebe" in der Geschlechtsliebe zwischen Mann und Frau und betrachtet andere Formen der Liebe (Selbstliebe, Eltern- und Kinderliebe, Freundschaft, allgemeine Menschenliebe, Hingabe an konkrete Gegenstände und abstrakte Ideen) als Variation bzw. Sublimation der Geschlechtsliebe. Für ihn sind alle „diese Strebungen Ausdruck der nämlichen Triebregungen, die zwischen den Geschlechtern zur geschlechtlichen Vereinigung hindrängen"[82]. Josef Pieper dagegen meint: „In jedem denkbaren Fall besagt Liebe soviel wie Gutheißen. Das ist zunächst ganz wörtlich zu nehmen. Jemanden oder etwas lieben heißt: diesen Jemand oder dieses Etwas ‚gut' nennen und, zu ihm ge-

82 S. Freud: Massenpsychologie und Ich-Analyse. In: Studienausgabe, Bd. IX (s. Anm. 59), S. 85; ders.: Das Unbehagen in der Kultur, ebd., S. 232.

wendet, sagen: Gut, daß es das gibt; gut, daß du auf der Welt bist!"[83] Pieper und Freud verstehen „Liebe" also keineswegs gleich, sind aber doch einig darin, daß unsere Sprache mit dem Wort „Liebe" in seinen vielfältigen Anwendungen eine durchaus berechtigte Zusammenfassung geschafft habe. Vielleicht ist auch die unter Theologen beliebte Entgegensetzung von Eros und Agape[84] so unüberbrückbar nicht, denn in der Ehe realisiert sich die Agape auch und gerade in der Form des Eros[85].

Mag das Wort „Liebe" bei jedem von uns andere Ober-, Unter- und Zwischentöne zum Klingen bringen, mögen wir uns theoretisch noch so heftig über die exakte Semantik dieses Wortes streiten – das ist nicht entscheidend. Denn ich möchte auf ein praktisches Phänomen hinaus und hoffe, mich verständlich zu machen, auch wenn ich das Wort „Liebe" in seiner vagen Allerweltsbedeutung gebrauche[86].

Was ich anpeile, ist ein Grenzphänomen: Es ist der Tod – nicht narzißtisch verstanden –, sondern im Zu-

83 J. Pieper: Über die Liebe, München 1972, S. 38 f.

84 Vgl. das berühmte Buch des Lutheraners A. Nygren: Eros und Agape. Gestaltwandlungen der christlichen Liebe (1930), Gütersloh, ²1954.

85 Bekannt ist Karl Barths listiges Augenzwinkern: „Agape verhält sich zu Eros wie Mozart zu Beethoven. Was gäbe es da zu verwechseln?" (K. Barth: Einführung in die evangelische Theologie, Zürich 1962, S. 219). Vgl. auch das schöne Büchlein von G. Bachl: Der beschädigte Eros. Frau und Mann in Christentum, Freiburg i. Br. 1989; ferner: Erotik. In: FAMA. Feministisch-theologische Zeitschrift 7 (1991), September-Nummer.

86 Auf keinen Fall möchte ich das Wort „Liebe" durch andere Worte ersetzen, wie Mitmenschlichkeit, Zärtlichkeit, Solidarität usw.; denn Grundworte der Sprache lassen sich nicht am Schreibtisch auswechseln.

sammenhang der Liebe gesehen. Die Frage, die hier aufbricht, lautet: Behält der Tod das letzte Wort, oder ist die Liebe stärker als der Tod?

2.2.1 *Wir dürfen hoffen, daß dem Tod das letzte Wort entrissen wird, weil GOTT Freude hat an der Liebe?*

Der Tod, dieser radikale Abschied, ist eine Beleidigung der Liebe. Sicher, der Tod hat mehr als ein Gesicht, je nachdem, ob er mitten im Leben zuschlägt oder sich erst am Ende eines erfüllten Lebens meldet, ob er unvermittelt anklopft oder erst nach einer langen schrecklichen Krankheit gewinnt. Immer bleibt dies wahr: Für Liebende ist der Tod eine Beleidigung, denn Liebe, die glückt, will Ewigkeit. Mag die Zeit des Eros eine flüchtige Zeit sein, trotz Nietzsches geheimnisvoll dunklem Wort: „Doch alle Lust will Ewigkeit –, will tiefe, tiefe Ewigkeit!"[87] – die „Zeit" der Liebe, sie will Ewigkeit. Das ist ihre Tiefengrammatik. Der Tod zerreißt früher oder später diese Logik der Liebe.

Wie viele werden um ihr Glück betrogen, weil sie einen lieben Menschen allzufrüh verlieren. Ich denke an all die sinnlosen Opfer sinnloser Kriege und blinder Terroranschläge; an die zahllosen Opfer von Verkehrsunfällen und das namenlose Heer jener, die durch Hunger und Naturkatastrophen einen vorzeitigen Tod sterben müssen. Der Tod ist nicht nur ein Problem für den, der stirbt, sondern sehr oft ein größeres Problem für den, der zurückbleibt.

---

87 F. Nietzsche: Also sprach Zarathustra („Das trunkne Lied") (s. Anm. 47), S. 558.

Mascha Kaléko hat diese Erfahrung in ihrem Gedicht „Memento" eingefangen:

Vor meinem eignen Tod ist mir nicht bang,
Nur vor dem Tode derer, die mir nah sind.
Wie soll ich leben, wenn sie nicht mehr da sind?

Allein im Nebel tast ich todentlang
Und laß mich willig in das Dunkel treiben.
Das Gehen schmerzt nicht halb so wie das Bleiben.

Der weiß es wohl, dem gleiches widerfuhr;
– Und die es trugen, mögen mir vergeben.
Bedenkt: den eignen Tod, den stirbt man nur,
Doch mit dem Tod der andern muß man leben[88].

Ist der Tod für uns Menschen nicht gerade deshalb ein so großes Problem, weil wir einander intensiver zu lieben vermögen als jede andere Spezies dieser Erde? Das „Unnatürliche" des Todes besteht darin, daß er Liebende auseinanderreißt, Freunde trennt.

Augustinus hält diese Erfahrung in seinen „Bekenntnissen" ergreifend fest. Nach dem Tod seines besten Freundes schreit der junge Augustinus seine Verzweiflung in die Welt hinaus: „Durch diesen Schmerz kam eine tiefe Finsternis über mein Herz, und wo ich hinsah, war der Tod. Die heimatliche Stadt war mir zur Qual, das väterliche Haus zu einer sonderbaren Unglücksstätte, und jedwedes Ding, das ich mit ihm gemeinsam besessen hatte, wurde mir nun ohne ihn zu unendlicher Pein ... Ich war mir selbst zu einer einzigen großen Frage geworden ... Ich glaube, je mehr ich jenen geliebt hatte, um so

---

88 M. Kaléko: Verse für Zeitgenossen (Rororo, 4659). Reinbek bei Hamburg 1980, S. 9; vgl. auch das erschütternde Büchlein von Anne Philipe: Nur einen Seufzer lang (Rororo, 1121). Reinbek bei Hamburg 1969.

mehr haßte und fürchtete ich den Tod, der ihn mir geraubt, wie den grimmigsten Feind ... Ich wunderte mich, daß die übrigen Sterblichen lebten, wo er gestorben war, den ich so liebte, daß er gleichsam nie hätte sterben dürfen[89] ..., und noch mehr wunderte ich mich, daß ich als sein anderes Ich seinen Tod überlebte. Wie richtig hat einmal einer seinen Freund die Hälfte seiner Seele genannt! ... Ich wußte nicht mehr ein und aus, seufzte, weinte, empörte mich und hatte weder Ruhe noch Einsicht. Denn ich trug meine zerquälte, zerbrochene Seele, die von mir nicht getragen sein wollte, und ich fand nichts, wo ich sie hätte niederlegen können. Sie kam zu keiner Ruhe, in keinem anmutigen Hain, bei keinem Spiel und keinem Gesang, weder beim süßen Duft der Bäder noch bei üppigen Gastmählern, nicht bei den Freuden der Lagerstatt und des Bettes, und schon gar nicht bei Büchern und Gedichten. Alles starrte vor Frost, selbst das Licht; bös und verhaßt wurde alles, weil es nicht das war, was jener gewesen ist, und nur in der Betrübnis, in den Tränen fand ich etwas Ruhe."[90]

Hier kommt der Mensch Augustinus zu Wort, weil die Logik der beleidigten Liebe sich meldet[91]. Mag der Tod auch biologisch die natürlichste Sache sein, für die *starke,* auf Dauer angelegte Liebe, für die Liebe, die glückt, kann er nur in verzweifelte Leere führen. Für die Liebe hingegen, die nicht glückt, ist der Tod ein weniger

89 Vgl. das Wort von G. Marcel: „Einen Menschen lieben, heißt sagen: Du wirst nicht sterben" (G. Marcel: Geheimnis des Seins. Wien 1952, S. 472)
90 Aurelius Augustinus: Bekenntnisse (s. Anm. 17), 4. Buch, IV–VII.
91 Daß dann der ältere Augustinus rückblickend seinen Aufschrei verurteilt und sich vorwirft, den Freund um seiner selbst willen und nicht allein „in Gott" geliebt zu haben, gehört zu jener „christlichen" Ideologie, die wir bereits weiter oben angesprochen haben (vgl. S. 26)

großes Problem. Wenn zwei sich ein Leben lang gequält haben, kann der Tod Erleichterung und Befreiung sein. Damit wird auch der Einwand Dietrich Bonhoeffers – wir sollten Gott „in der Mitte und nicht an den Grenzen" suchen[92] – relativiert; denn nur der erfährt die Grenzen schmerzlich, der in der *Mitte* gestanden ist. Was taub werden heißt, muß man Beethoven fragen, der um Klänge und Töne weiß. Nur die starke Liebe „mitten im Leben" erfährt überhaupt die Aporie, von der hier geredet wird.

Sigmund Freud verlor durch den frühen und plötzlichen Tod sein Sonntagskind, seine 26jährige Tochter Sophie (sie ließ einen untröstlichen Mann und zwei Kinder zurück) und kurze Zeit später auch noch seinen liebsten Enkel, den vierjährigen Heinele. Freud wurde depressiv und bemerkte wiederholt, durch diese tragischen Ereignisse sei etwas in ihm gestorben, so daß er niemals mehr imstande sei, neue Bindungen einzugehen. Von dieser Erfahrung gezeichnet, schreibt er: „Niemals sind wir ungeschützter gegen das Leiden, als wenn wir lieben, niemals hilfloser unglücklich, als wenn wir das geliebte Objekt oder seine Liebe verloren haben."[93] So hat denn Freud große Bedenken, die Liebe als Weg zum Glück zu empfehlen, weil man sich in der Liebe abhängig und verletzlich macht und sich – angesichts des Todes – stärksten Leiden aussetzt[94]. Freuds tragische Botschaft könnte man deshalb pointiert so formulieren: Liebt euch nicht zu sehr, sonst werdet ihr früher oder später unglücklich.

Ganz anders die Botschaft des Neuen Testaments – nicht weil es um die Ausweglosigkeit der Liebe nicht wüßte, sondern weil es angesichts dieser Aporie eine

92 Vgl. D. Bonhoeffer: Widerstand und Ergebung (s. Anm. 23), S. 305–308; 341 f.
93 S. Freud: Das Unbehagen . . . (s. Anm. 59), S. 214.
94 Vgl. ebd., S. 131.

Hoffnung anzubieten hat. Geraten wir nämlich in der Praxis des Alltags in die Situation der tödlichen Auswegslosigkeit der Liebe, so kann die Osterbotschaft zu reden anfangen. Hier wollen wir etwas genauer auf die Tiefengrammatik des Neuen Testamentes lauschen.

Was sagt uns das Neue Testament zum Tod? Verschweigt oder verdrängt es ihn? Keineswegs. Hat uns Gott nicht in Jesus eine *neue* Gemeinschaft mit sich und unter uns versprochen? Wie aber soll diese *neue* Gemeinschaft Wirklichkeit werden, wenn unsere Freunde wegsterben, wenn Liebende durch den Tod auseinandergerissen werden? Das Evangelium will nicht in erster Linie private Rettungsaktionen organisieren, sondern die Menschen aus den vier Enden der Welt zu einer neuen Gemeinschaft zusammenrufen (vgl. Joh 11, 52; Offb 7). Diese neue Gemeinschaft ist nur möglich, wenn die Liebe siegt, nicht der Tod. Das ist denn auch eine der Botschaften, die das Neue Testament aus seiner Mitte heraus uns zuruft: Die Liebe siegt, nicht der Tod – weil Gott Freude hat an der Liebe. Wenn aber *Gott* Freude hat an der Liebe, darf kein Einwand gegen die Liebe das letzte Wort behalten, auch nicht der Tod.

Der Gott Jesu gewährt uns die Freiheit angesichts des Todes, ja angesichts der Kindergräber zu hoffen, daß die Liebe siegt, nicht der Tod. Ohne Gott ist das unmöglich, mit Gott ist es selbstverständlich. So hat Jesus gedacht und Paulus nicht anders[95]. Mit diesem Wort der Hoffnung dürfen wir einander trösten[96]. Und wenn dann der

95 Vgl. P. Dschulnigg: Reich Gottes und Auferstehung der Toten. Die Sicht von Jesus und Paulus. In: Radikaler Ernstfall. Von der Kunst, über das Leben nach dem Tod zu sprechen, hrsg. von K. Koch, Luzern 1990, S. 148–165.
96 Allerdings werden wir nicht mit diesem Wort der Hoffnung auf der Zunge in ein Leichenhaus rennen. An einem offenen Grab weint

Neuschöpfer-Gott dieses Wort der Hoffnung, das wir einander zur gegebenen Zeit leise und diskret zuflüstern dürfen, *einlösen* wird, dann werden wir sein wie Träumende; dann wird unser Mund voll Lachen und unsere Zunge voll Jubel sein. Illusion? Ja, wenn es nicht um Liebe ginge. Die Liebe läßt sich die Geliebten nicht wegnehmen von den *Feinden* der Liebe, und zu diesen Feinden gehört nach Paulus der Tod. Weil der Tod stärker ist als wir, nimmt er uns unsere Lieben weg. Wenn aber Gott, die Macht der Liebe, uns gern hat, läßt er sich die, die er liebt, nicht wegnehmen – gerade nicht durch den Tod. Deshalb dürfen wir auf die Auferweckung der Geliebten und Liebenden hoffen. Das Bekenntnis zur Auferweckung der Toten ist meines Erachtens nur dann echt, wenn es aus der Freude an der Liebe abgelegt wird. Dieser emotionale Faktor ist nicht auszuklammern. Alle Tränen, die wir vergossen haben, weil wir liebe Menschen verloren haben, hat Gott eingesammelt, und kein Lächeln ist ihm weggehuscht. Ewiges Leben heißt: Die liebende Kommunikation, die auf Erden nur teilweise gelingt, wird nun voll gelingen, oder mit Augustinus: Wir dürfen uns ewig an Gott und aneinander freuen[97]. Fazit: Wir dürfen vom Glück träumen. Unser nicht unterzukriegender Wunsch nach Glück, unsere unstillbare Sehnsucht nach Liebe wird nicht im Nichts verhallen, sondern von Gottes Unendlichkeit aufgefangen werden. Wer ist also Gott? Gott ist der, dem allein wir Hoffnung schuldig sind, während wir einander die Liebe schulden.

man und steht den Trauernden in menschlicher Solidarität bei. Wer diesen Weg mit den Trauernden zu gehen nicht bereit ist und statt dessen vollmundig von „Auferweckung der Toten" redet, droht zum religiösen Vergewaltiger zu werden.
97   Aurelius Augustinus: De civitate Dei, XIX, 13, 17. PL 41, Sp. 640, 646: „frui Deo et invicem in Deo".

2.2.2 Der Himmel eine soziale Wirklichkeit

Weil Gott in seinem Reich unsere hier und heute angefangene Gerechtigkeit und Liebe, unser Dasein-für-
Andere und unser Mitsein-mit-Anderen *vollenden* will,
ist der Himmel eine soziale Größe und „kein privates
tête-à-tête des einzelnen mit Gott"[98]. Es geht im Himmel nicht in erster Linie um „meine Seele und meinen
Gott", sondern um solidarische Liebesgemeinschaft untereinander und mit Gott. Dieser Communio-Gestalt
des Himmels geben die biblischen Bilder vom Hoch-
zeitsmahl und von der „neuen Stadt" Ausdruck. Die
christliche Hoffnung ist kein egoistischer Selbsterhal-
tungstrieb über den Tod hinaus, sondern Hoffnung für
alle in einer neuen Gemeinschaft. Oder mit den Worten
des Hoffnungspapiers der Würzburger Synode: „Erst wo
unsere Hoffnung für die anderen mit hofft, wo sie also
unversehens die Gestalt und die Bewegung der Liebe
und der Communio annimmt, hört sie auf, klein und
ängstlich zu sein und verheißungslos unseren Egoismus
zu spiegeln."[99]

Weil der Himmel eine soziale Größe ist, kann ich
mich nicht allein retten. Wir müssen vielmehr einander
mit in den Himmel nehmen. Ein tröstlicher Gedanke,
denn er besagt im Horizont der Liebe nicht weniger als
dies: Ich darf auf Rettung hoffen, weil andere Menschen,
die frömmer sind als ich *und* mich gern haben, nicht
ohne mich im Himmel sein wollen! Wenn jeder jemanden gern hat und ihm die Hand reicht, und dieser wieder
einem anderen und so fort, bilden wir zuletzt eine unendliche Solidaritäts- und Liebeskette und reißen so ein-

---

98 G. Greshake: Himmel-Hölle-Fegefeuer im Verständnis heutiger Theologie. In: Ungewisses Jenseits? (s. Anm. 67), S. 89.
99 Unsere Hoffnung (s. Anm. 21), S. 176.

ander mit in den Himmel: die Frommen, die weniger Frommen, alles aber Liebende (Und Liebende gehören nun mal zusammen für Zeit und Ewigkeit. So hat es Gott gefallen). Charles Péguy hat diesen Gedanken so formuliert: „Wir müssen uns zusammen retten; zusammen bei Gott ankommen; gemeinsam vor ihn hintreten. Wir dürfen nicht die einen ohne die anderen bei ihm anklopfen. Alle miteinander müssen wir ins Haus unseres Vaters zurückkehren. Man muß auch ein wenig an die anderen denken, für die anderen arbeiten. Was würde Gott wohl zu uns sagen, wenn wir ohne die anderen bei ihm ankämen, ohne die anderen zu ihm heimkehrten."[100]

Diese Solidarität bekennen wir im Glaubensbekenntnis als „Gemeinschaft der Heiligen". Einer der ältesten christlichen Bräuche bestand darin, für die Verstorbenen zu beten, Messen zu feiern und Almosen zu spenden, in der Hoffnung, ihnen auf diese Art zu helfen. Das hat nichts mit Krämergeist zu tun; Gott ist kein Bankier und der Himmel nicht käuflich. Gott braucht auch nicht umgestimmt zu werden. Gott ist Liebe und sonst nichts (1 Joh 4, 8 und 16), er will das Heil aller (1 Tim 2, 4; Röm 5, 18); wohl aber kommt in diesem alten Brauch der Gedanke der menschlichen Solidarität zum Ausdruck; wir gehören alle zusammen. Der Mensch ist kein autarkes Wesen; er kommt nur zu sich selbst und bleibt er selbst *in* den anderen, *mit* den anderen und *durch* die anderen[101]. Ob andere mich segnen oder mir fluchen, mich hassen oder mir verzeihend neue Gemeinschaft gewähren – das alles ist Teil meines Geschicks. Diesem Gedanken des Angewiesenseins auf andere geben wir religiös Ausdruck im Bekenntnis zur „Gemeinschaft der

---

100   Charles Péguy: Le mystère de la charité de Jeanne d'Arc, Paris ²1930, S. 39 (Übersetzung J. B.)
101   Vgl. J. Ratzinger: Eschatologie (s. Anm. 70), S. 189.

Heiligen" (communio sanctorum), für die der Tod keine Grenze darstellt. Indem wir für unsere Verstorbenen heilige Messen feiern lassen, bringen wir *zuerst* einmal dies zum Ausdruck: Wir haben ihnen verziehen, was sie an uns gefehlt haben (und hoffen, daß auch sie uns verzeihen) eingedenk des Wortes Jesu: „Wenn du deine Opfergabe zum Altar bringst und dir dabei einfällt, daß dein Bruder etwas gegen dich hat, so laß deine Gabe dort vor dem Altar liegen; geh und versöhne dich zuerst mit deinem Bruder, dann komme und opfere deine Gabe" (Mt 5, 23 f.). Indem wir für unsere Verstorbenen beten und Messen feiern, aktivieren wir *zweitens* die „Gemeinschaft der Heiligen"; denn wir rufen Gott zu: „Laß es unserer Schwester, unserem Bruder gut gehen und laß uns einst gemeinsam in deinem Reiche weilen mit deinem Jesus, dessen Gedächtnis wir jetzt feiern!" So wird das Gebet für Verstorbene zum Ausdruck umfassender Solidarität und grenzenloser Hoffnung.

2.3 Einwände

Die Hoffnung auf die „Auferweckung der Toten" sprengt die Selbstverständlichkeiten dieser Welt und ruft zum Widerspruch heraus. Schon zur Zeit des Apostels Paulus gab es in der Gemeinde von Korinth Christen, die nicht auf die Auferweckung der Toten hofften. Paulus' Reaktion war heftig: „Wenn wir unsere Hoffnung nur in diesem Leben auf Christus gesetzt haben, sind wir erbärmlicher daran als alle anderen Menschen ... Wenn Tote nicht auferweckt werden, dann laßt uns essen und trinken; denn morgen sind wir tot. Laßt euch nicht irreführen" (1 Kor 15).

Auch heute gibt es in unseren Gemeinden Christen

und Christinnen, die mit der guten Nachricht von der Auferweckung der Toten nichts mehr anzufangen wissen. Für sie ist diese Hoffnung keine Frohbotschaft mehr, sondern eher ein Alptraum. Sie sehnen sich nicht mehr nach einem ewigen Leben, sondern hoffen auf einen ewigen „Schlaf" oder – sit venia verbo – nach der „Gnade der Verwesung".

So schreibt der alte, kranke, zur Schwermut neigende katholische Dichter Reinhold Schneider in seinem letzten Buch „Winter in Wien" folgendes: „Fest überzeugt von der göttlichen Stiftung der Kirche und ihrer bis zum Ende der Geschichte währenden Dauer, ziehe ich mich doch am liebsten in die Krypta zurück; ich höre den fernen Gesang. Ich weiß, daß Er auferstanden ist; aber meine Lebenskraft ist so sehr gesunken, daß sie über das Grab nicht hinauszugreifen, sich über den Tod hinweg nicht zu sehnen und zu fürchten vermag. Ich kann mir einen Gott nicht denken, der so unbarmherzig wäre, einen todmüden Schläfer unter seinen Füssen, einen Kranken, der endlich eingeschlafen ist, aufzuwecken. Kein Arzt, keine Pflegerin würde das tun, wieviel weniger Er!"[102]

Ich kann diese schwermütigen Gedanken ein Stück weit nachempfinden – wenigstens in gewissen Tagen und Stunden. Trotzdem meine ich, vergessen diese in Trauer geschriebenen Sätze etwas Wesentliches: Unsere Hoffnung auf „ewiges Leben" meint nicht einfach eine ewige Fortsetzung dieses oft recht armseligen und mühsamen Lebens, sondern etwas radikal Neues: „Wir verkünden, was kein Auge gesehen und kein Ohr gehört hat, was keinem Menschen in den Sinn gekommen ist:

102 R. Schneider: Winter in Wien. Aus meinen Notizbüchern 1957/58, Freiburg i. Br. 1958, S. 79.

das Große, das Gott denen bereitet hat, die ihn lieben" (1 Kor 2, 9).

Vor 35 Jahren war Reinhold Schneider mit seinem melancholischen Gedanken, der Tod möge das Letzte sein, noch ziemlich allein, jedenfalls unter „praktizierenden Katholiken". Inzwischen hat sich das geändert. Es gibt heute bei allen christlichen Konfessionen zahlreiche Gläubige, die sich entschieden und bewußt als Christen verstehen, ohne auf die Auferweckung der Toten zu hoffen, und zwar ohne jede Melancholie. Gewiß sind diese Christen und Christinnen vorläufig noch eine Minderheit, aber ihre Zahl wächst täglich (jedenfalls in unseren Breitengraden), falls ich mich nicht täusche.

Einige von diesen „neuen Christen" – wie ich sie nennen möchte – leben ein bewundernswertes Christentum. Sie leben bescheiden und arm und teilen ihr Überflüssiges mit den Armen. Das Christsein hat für sie nur Sinn und Bedeutung in diesem Leben auf dieser Welt. Hier und jetzt sollen wir unseren Schöpfer loben und in der Nachfolge des armen Jesus einander Frieden und Gerechtigkeit, Freiheit und Liebe einräumen, oder mit den Worten von Dorothee Sölle: „Wir bringen Auferstehung mit Befreiung zusammen, weil unser tiefstes Bedürfnis nicht persönliche Unsterblichkeit ist, sondern ein Leben vor dem Tode für alle Menschen."[103] Am Ende der Tage gilt es, ohne Groll und Ressentiments sich definitiv zu verabschieden und als Staub zur Erde zurückzukehren: „Denke ich an den Tod – und das heißt an mei-

---

103 D. Sölle: Wählt das Leben, Stuttgart 1980, S. 124 (vgl. ebd., S. 111–136); dies.: Fürchte dich nicht. Der Widerstand wächst, Zürich 1982, S. 54–58; dies.: Sympathie. Theologisch-politische Traktate, Stuttgart 1978, S. 108–113; dies.: Lieben und arbeiten. Eine Theologie der Schöpfung, Stuttgart 1985, S. 203–213; dies.: Gott denken. Einführung in die Theologie, Stuttgart 1990, S. 159–177.

nen eigenen Tod –, dann empfinde ich mich als Teil dieses Planeten Erde. Auch wenn ich sterbe, werden Wind und Wasser, Erde und Luft, Fische, Vögel und alle anderen Lebewesen weiterbestehen. Warum also sollte ich den Tod fürchten? Weil alle geschaffenen Dinge miteinander in Verbindung stehen, konnte Franziskus von Assisi vom Tod als von unserer Schwester sprechen. Und wer so sprechen kann, sagt das größte Ja zur Schöpfung, das vorstellbar ist, in dem auch der Tod ein Teil des Lebens geworden ist. So können wir unser kleines Dasein als Teil des großen Seins verstehen, in das wir zurückkehren werden: als Schwester zur Schwester Tod, als Kind zur Mutter Erde, als Bruder zum Bruder Sonne, als Tropfen zu den großen Wassern und als Flamme ins Licht."[104]

Eine bewunderswerte Gelassenheit. Aber wird damit unser Gerechtigkeitsempfinden nicht überfordert? Denn weniger poetisch heißt das ja dies: Mörder und Opfer, Ausbeuter und Verhungernde – sie alle enden in der gleichen Grube und damit basta. Vor allem aber: Wird diese Sicht dem Neuen Testament gerecht? Kann man die Schriften des Neuen Testaments, insbesondere die Briefe des Paulus, noch verstehen, wenn man die Hoffnung an die Auferweckung der Toten fallenläßt beziehungsweise metaphorisch umdeutet? Reißt man damit dem Neuen Testament nicht das Herz aus? Bevor wir auf diese Fragen eine Antwort versuchen, gilt es den „neuen Christen" zuerst einmal zuzuhören[105].

104   D. Sölle: Lieben und arbeiten (s. Anm. 103), S. 209.
105   Der bekannteste „neue Christ" auf katholischer Seite ist der französische Theologe Jacques Pohier: Wenn ich Gott sage, Olten 1980, S. 34–47; 267–336; ders.: Dieu fractures, Paris 1985, S. 105–180; auf evangelischer Seite wäre Dorothee Sölle zu nennen (vgl. Anm. 103). Pohier und Sölle sind hier nur genannt, weil ihre Schriften literarisch greifbar sind. Wie sie denken heute zahlreiche na-

2.3.1 Ist der Tod heute noch ein Feind des Lebens?

Der erste und entscheidende Einwand gegen die Auferstehungshoffnung lautet: Der Tod ist die natürlichste Sache der Welt. Er ist die genetisch vorprogrammierte Vollendung des Lebensprozesses und gehört deshalb zum
Leben wie der Schatten zum Licht. Deshalb kann es nicht
Aufgabe des Christentums sein, den Tod zu überwinden.
Wir müssen vielmehr lernen, mit dem Tod und vor allem
mit der Angst vor dem Tod zu leben, ohne uns durch
himmlische Illusionen ablenken zu lassen.

Während zweieinhalb Jahrtausenden – so die „neuen
Christen" – galt der Tod im Abendland und im Mittleren
Orient als ein Unglücksfall, der dem Leben unterläuft
und sein Scheitern offenbart. Das ist nicht weiter erstaunlich, denn zur Zeit des Apostels Paulus sind die Menschen
jung gestorben: 50 % erreichten nicht das 15. Lebensjahr
(viele starben schon im ersten Lebensjahr), und von den
anderen 50 % erreichte wieder die Hälfte nicht das 35.
Lebensjahr. Nur gerade 25 % wurden älter als 35 Jahre.
(Einige wenige wurden sehr alt, und deshalb hatten alte
Menschen damals – weil sie die Ausnahme waren – ein so
großes Ansehen). Weil der Tod so vieler junger Menschen unerträglich war, ist es nicht verwunderlich, wenn
Paulus den Tod als Feind des Lebens, gar als „letzten
Feind" (1 Kor 15, 26) betrachten konnte und das Christentum mit seiner Auferstehungsbotschaft soviel Erfolg
hatte, denn es konnte Trost spenden in der grausamen
Welt der jungen Toten.

Heute aber, in einer Zeit, in der immer mehr Menschen – jedenfalls in den entwickelten Industrienationen

menlose Christen und Christinnen. (Ich lasse mich vor allem von Pohier führen).

– an natürlicher Altersschwäche sterben (ein Japaner wird heute durchschnittlich 75 Jahre alt, eine Japanerin gar 81 Jahre), hat die Auferstehungsbotschaft ihre Trostfunktion und ihre Plausibilität weitgehend eingebüßt. Der Tod wird heute vielfach als Wohltat empfunden, wenn die Sinne schwächer werden, die Interessen und das Gedächtnis schwinden und der alte Mensch wieder zum hilflosen Kind wird.

Weil die Medizin, die Hygiene und die Ernährungswissenschaften weltweit Fortschritte machen, ist es nur eine Frage der Zeit, bis die Mehrzahl der Menschen eines natürlichen Alterstodes sterben. Dadurch beginnt sich in unserer Kultur die Beziehung zwischen Leben und Tod zu wandeln. Eine Revolution kündigt sich an, deren Wirkungen die gegenwärtige Kultur erst dunkel zu ahnen beginnt und die christliches Bewußtsein noch kaum zur Kenntnis genommen hat: Der Tod ist kein Feind des Lebens mehr! Die paulinische Rede von der Auferstehung als Sieg über den Tod, diesen „letzten Feind", verliert ihre Plausibilität.

Wir sind in der Geschichte der Menschheit somit die ersten Menschen, die mit eigenen Augen den natürlichen Charakter des Todes, seine Notwendigkeit und – man muß den Mut haben, es zu sagen – seine *wohltätigen* Eigenschaften feststellen können. Das Christentum muß sich deshalb zur Einsicht durchringen, daß der Tod kein Problem darstellt, das es zu lösen, gar zu überwinden gilt. Sollte das Christentum diese neue Sicht zwischen Leben und Tod unannehmbar finden und weiterhin die „Auferweckung der Toten" verkünden, so dürften die Tage des Christentums offenbar gezählt sein, denn die Sicht vom „natürlichen Tod" wird sich allmählich weltweit durchsetzen. Was kann man darauf antworten?

2.3.2 Gott frei lassen

Zunächst ist einzugestehen, daß die Rede vom „natürlichen Tod" eine gesellschaftskritische These ist, die Wahrheit zu benennen vermag. Die Rede vom „natürlichen Tod" schließt nämlich die Forderung ein, eine Gesellschaft zu gestalten, in der niemand mehr jung sterben muß. So gesehen, ist die Rede vom „natürlichen Tod" ein Plädoyer für ein menschenwürdiges Leben und gleichzeitig ein Protest gegen den vorzeitigen und gewaltsamen Tod: gegen den Tod von Kindern, die durch den Hunger und seine Folgen weggerafft werden; gegen den Tod von Erwachsenen, die von unmenschlichen Arbeitsbedingungen und Wohnverhältnissen erdrückt werden und an Krankheiten sterben müssen, die man schon heilen könnte; gegen den Tod von alten Menschen, die vor der Zeit sterben müssen; nicht wegen ihres Alters, sondern wegen der Gleichgültigkeit der Gesellschaft, die sie aus dem Umkreis des Lebens verbannt, dessen sie sich noch hätten erfreuen können[106]. Christen und Christinnen werden deshalb mit allen Menschen guten Willens an einer Veränderung der gesellschaftlichen Verhältnisse mitarbeiten, damit möglichst viele Menschen eines natürlichen Alterstodes sterben dürfen.

Trotzdem gilt es ein Dreifaches zu bedenken

1. Was ist mit all jenen, die nicht das Glück haben, nach einem erfüllten Leben eines natürlichen Todes zu sterben? Was ist mit der unabsehbaren Zahl derer, denen von Anfang an, ohne eigene Schuld, das Minimum zum

---

106 Vgl. J. Pohier: Wenn ich Gott sage (s. Anm. 105), S. 38; ferner J. Imbach: Himmelsglaube und Höllenangst. Was wissen wir vom Leben nach dem Tod?, München 1987, S. 61–65.

Leben – ein wenig Würde und Hoffnung – versagt geblieben ist? Geht das Neue Testament über alle diese Opfer mit einem Achselzucken hinweg? Keineswegs! Jesus und seine Jünger und Jüngerinnen sind keine Narzißten, deren Hoffnung sich auf die eigene Person beschränkt. Der neutestamentliche Blick gilt ebensosehr dem Bruder in Not, der Schwester in Trauer. Als Christ hoffe ich nicht nur für mich, sondern ich bin froh und dankbar, daß ich auch für die andern hoffen darf – für die Opfer von gestern und vorgestern.

Weil Gott jenen Jesus von den Toten erweckt hat, der sterben mußte, weil er sich entschieden für die Hoffnungslosen und Verlorenen eingesetzt und damit die Kreise der Herrschenden gestört hat, dürfen wir hoffen, daß Gott auch alle Nachfolger Jesu, alle unschuldigen Opfer auferwecken wird. Weil Gott in Jesus, dem ermordeten Gerechten, dem „Erstgeborenen der Brüder und Schwestern" (Röm 8, 29) A gesagt hat, dürfen wir hoffen, daß er in allen Brüdern und Schwestern Jesu B sagen wird.

2. Ist denn die Rede vom „natürlichen Tod" die ganze Wahrheit über den Tod? Sicher: Der Zellenhaushalt eines jeden lebenden Organismus kennt einen Anfang und ein Ende. Das genetische Programm hat nun mal für den Menschen eine begrenzte Anzahl von Herzschlägen vorgesehen. Doch ist das nur die eine Seite des Menschen: Der Mensch hat einen sterblichen Leib – gleichzeitig aber wird er von einem unendlichen Wunsch umgetrieben, der durch nichts in der Welt ganz gestillt werden kann.

Wenn nur der ewige Gott rein aus Gnade unsere Sterblichkeit in einer unausdenkbaren Neuschöpfung auffangen will und unsere unendliche Sehnsucht in seine Unendlichkeit aufnehmen will (vgl. Joh 4, 14), so ist das *Gottes* Sache, nicht *unser Recht.*

3. Betrachtet die Rede vom „natürlichen Tod" den Tod nicht viel zu individualistisch als den je eigenen Tod? Was aber, wenn wir den Tod mit der Liebe zusammen denken (wie ich es früher versucht habe)? Öffnet sich dann nicht eine ganz neue Perspektive? Daß Liebende auseinandergerissen werden, ist „unnatürlich", mag es auch biologisch „natürlich" sein, daß wir sterben.

Wenn nun der ewige Gott, die Macht (und Ohnmacht!) der Liebe[107] eine neue, unzerstörbare Liebesgemeinschaft unter uns und mit sich will, sollte der Tod Gottes Willen durchkreuzen können? Wäre dann nicht der Tod der heimliche Gott, weil er das letzte Wort behält?

Gegenüber der modernen Rede vom „natürlichen Tod" als dem unwiderruflichen und endgültigen Erlöschen des ganzen Menschen läuft die traditionelle Rede vom Tod gelegentlich auf eine Verniedlichung hinaus: Man tut so, als ob der Tod bloß eine äußerliche Trennung der Seele vom Leib wäre und nach dem Tod alles weiterginge wie bisher. Die christliche Rede von den Toten, die leben, meint gerade dies *nicht*, sondern sie hofft auf den *Neuschöpfer* Gott, der dem Menschen im Tod neues Leben schenkt, denn der Tod setzt zuerst einmal „ein Ende für den ganzen Menschen"[108].

Keine Rede von einer „schönen Leiche" vermag den Riß, der sich im Tod auftut, zu kitten: „Vollkommene

---

107 Vgl. J. B. Brantschen: Die Macht und Ohnmacht der Liebe. In: FZPhTh 27 (1980) 224–246.
108 K. Rahner: Grundkurs des Glaubens. Einführung in den Begriff des Christentums, Freiburg i. Br. 1976, S. 419.

Abwesenheit und Endgültigkeit des *nie wieder*, des *für immer* geben dem Nichts an der Leiche die schreckende Gewalt", und der Überlebende findet angesichts des Toten „nichts als die dreifache Ohnmacht, daß er nichts weiß vom Befinden des Toten, daß sein Wille nicht zu ihm hinreicht, daß er gar nichts tun kann"[109].

Kleiner Exkurs: Ein Blick nach drüben?

Nachdem jede Verniedlichung des Todes ausgeschlossen ist, mag man sich dann auch jenen schwierigen – wenn auch sekundären – Fragen zuwenden, die heute zahlreiche Zeitgenossen und Zeitgenossinnen leidenschaftlich beschäftigt: Ist ein Blick über die Todesgrenze hinaus möglich? Was ist von den erstaunlichen Erfahrungen von Wiederbelebten, die klinisch bereits tot waren, zu halten? Wie sind die verwirrenden „Kommunikationsmöglichkeiten" zwischen Lebenden und (bald) Sterbenden zu deuten?

Bekanntlich hat der amerikanische Psychiater R. Moody solche Berichte gesammelt und herausgegeben[110]. Diese Berichte haben bei zahlreichen Menschen den Eindruck erweckt, nun wüßten sie genau, wie es im Tod und gar nach dem Tod zugehe. Aber: Es handelt sich eben nicht um Berichte von *wirklich* Toten. Ein wirklich Toter, dessen Gehirnfunktion endgültig ausgesetzt hat,

---

109 G. Bachl: Die Zukunft nach dem Tod, Freiburg i. Br. 1985, S. 18 f.
110 Vgl. R. Moody: Leben nach dem Tod. Die Erforschung einer unerklärlichen Erfahrung. Mit einem Vorwort von Elisabeth Kübler-Ross (Rororo Sachbuch 8885), Reinbek 1991 [amerikanische Originalausgabe 1975]; ders.: Das Licht von drüben. Neue Fragen und Antworten. Deutsch von L. Mietzner, Einführung von C. Wilson, Reinbek 1989.

kann nicht wiederbelebt werden. Was wir in den Berichten von Moody vor uns haben, sind Erlebnisse von Lebenden im Zustand der Todesnähe: „Beinahe-tot-Erlebnisse". Ihre Deutung ist – wie Moody selbst eingesteht – schwierig (Moody selbst ist geneigt, diese Erlebnisse als Zeichen für ein Leben nach dem Tode zu deuten). Da diese Erlebnisse in Todesnähe meistens als „schön" empfunden werden, bewirken sie, daß zahlreiche Menschen durch die Lektüre der Bücher von R. Moody und E. Kübler-Ross ihre Angst vor dem Sterben und dem Tod verloren haben, und das ist nicht wenig!

Schwierig zu deuten sind auch die „Kommunikationen" zwischen Lebenden und bald Sterbenden. Eine meiner Nichten wird immer wieder – gegen ihren Willen – in solche (scheinbar sinnlosen) „Kommunikationen" mit einbezogen. Ein Beispiel: Sie träumt, daß einer der drei Kapuziner unseres Dorfes demnächst sterben werde; wer von den dreien es sein wird, weiß sie noch nicht. (Zur Zeit des Traumes wirkten zwei Kapuziner als Missionare in Tansania, der dritte in Indonesien; alle drei bei guter Gesundheit.) Sechs Monate später sitzt sie abends allein am Schreibtisch ihrer Wohnung, zündet eine Kerze an und beginnt Briefe zu schreiben. Plötzlich erscheint im Zimmer der Kapuziner NN. (sie erkennt ihn sogleich), kommt auf ihren Schreibtisch zu, löscht die Kerze aus und verschwindet. Meine Nichte, an solche „Erscheinungen" gewöhnt, will die Kerze wieder anzünden, was ihr trotz aller Versuche nicht gelingt. Am andern Tag hat sie Gäste zum Abendessen, die von der Kerzengeschichte nichts wissen. Als das Essen fertig ist, ruft sie ihren Gästen von der Küche aus zu: „Zündet bereits die Kerze an! Das Essen kommt gleich!" Die Gäste rufen lachend zurück: „Hast du die Kerze gebadet? Sie will nicht brennen!" Meine Nichte lenkt ab:

„Nicht daß ich wüßte; dann müssen wir halt ohne Kerzenlicht essen."

Am darauffolgenden Tag kommt ihre Mutter zu Besuch, und gemeinsam versuchen sie, die Kerze anzuzünden, wieder ohne Erfolg. An den folgenden drei Tagen endet jeder weitere Versuch ebenso: Die Kerze will nicht brennen. Am vierten Tag aber, als sie am Abend nach Hause kommt und wieder die Kerze anzuzünden versucht, siehe da: Sie brennt wieder. Am andern Tag kommt aus Tansania ein Telefonanruf, der Kapuziner NN. sei soeben bei einem Autounfall ums Leben gekommen.

Die Fakten sind einfach und durch Zeugen belegt, die Deutung aber ist schwierig. Vor allem zwei Fragen stehen im Raum: 1. Kann jemand seinen zukünftigen, zufälligen Unfalltod vorauswissen? 2. Wenn ja (was ich bezweifle, weil das Vorauswissen der kommenden zufälligen Ereignisse nach dem Urteil der klassischen Theologie Gott allein zukommt), wie kann er auf Distanz oder durch ein Medium eine Kerze so präparieren, daß sie sich erst zur Zeit seines zufälligen Unfalltodes wieder anzünden läßt? Fragen, die sich (noch) nicht beantworten lassen.

Zurück zur Rede vom „natürlichen Tod". Die moderne Rede vom „natürlichen Tod" und die theologischen Konsequenzen, die daraus von den „neuen Christen" gezogen werden, mögen uns eine Warnung sein. Wir „traditionellen Christen" unterliegen immer wieder der Versuchung, aus dem lebendigen Gott einen Bedürfnisbefriediger, gar ein Verbrauchsgut zu machen, um unseren unendlichen Hunger zu stillen. Dabei gerät unsere christliche Hoffnung in den Verdacht, nur die Kehrseite unseres egoistischen Bedürfnisses nach Trost und Unsterblichkeit zu sein. Deshalb gilt: Erst wenn der Mensch durch lange und schmerzliche Trauerarbeit hindurch seine Allmachtsphantasien und seine Unsterblichkeitsträume zu verabschieden lernt, seine Endlichkeit und Sterblichkeit annimmt und ernst nimmt, das heißt seinen unendlichen Wunsch an seinen sterblichen Leib bindet, erst dann kommt der Neuschöpfer Gott als der Andere in seiner unbegreiflichen Andersheit in Sicht: als der absolut Freie, der uns – rein aus Liebe – das unvorstellbare Geschenk einer Neuschöpfung (re-creatio) gewähren will. Solange wir nicht mit leeren Händen – als „sterbliche Bettler" (Luther) – vor Gott hintreten, solange wir uns nicht eingestehen, daß wir von Haus aus sterblich sind, degradieren wir Gott zu einem Objekt, das man verbraucht und verzehrt. Wir sind dann im Grunde nur in unsere eigenen Bedürfnisse verliebt, die wir allmächtig wähnen. Der Andere *als* Anderer kommt noch gar nicht in Sicht.

An diesem Punkt kann uns eine wichtige Unterscheidung weiterhelfen: die zwischen Bedürfnis und Wunsch[111]. Im Menschen wohnen Bedürfnis und Wunsch mit- und beieinander. Der Wunsch wurzelt im Bedürfnis, darf aber nicht auf das Bedürfnis reduziert werden. Vielmehr gilt es, aus der Knospe des Bedürfnisses die Blüte des Wunsches hervorbrechen zu lassen; dann erst erscheint der Unterschied zwischen Tier und Mensch. Tier und Mensch haben Bedürfnisse, der Mensch allein aber vermag seine Bedürfnisse in Wün-

---

111 Vgl. zum Folgenden D. Vasse: Bedürfnis und Wunsch. Eine Psychoanalyse der Welt- und Glaubenserfahrung, Olten 1973. Der Franzose D. Vasse stammt aus der Pariser Lacan-Schule, die meines Wissens den Unterschied zwischen Bedürfnis (besoin) und Wunsch (désir) im Lichte der Tiefenpsychologie zum ersten Mal klar herausgearbeitet hat.

sche zu verwandeln und damit in den Raum der Freiheit zu gelangen, in der andere in ihrer Andersheit respektiert werden. Im Raum des Bedürfnisses hingegen gilt das Gesetz der Notwendigkeit, des Verzehrs. Wir können mit unserem Bedürfnis nach Nähe und Zärtlichkeit nicht gleich umspringen wie mit unserem Bedürfnis nach Nahrung und Schlaf. Wer Hunger hat, mag sich ein Brot kaufen; wer aber ein Bedürfnis nach Nähe hat, kann sich keinen Menschen „kaufen". Wo nämlich Freiheiten ins Spiel kommen, muß ich aus der Verbrauchsmentalität des Bedürfnisses, das alles zu seinem Objekt degradiert, aussteigen. Erst wenn der/die andere in Freiheit auf mich zukommt, wird dann auch mein Bedürfnis nach Nähe und Zärtlichkeit gestillt.

Wie geschieht nun diese Verwandlung des Bedürfnisses nach dem andern in den Wunsch nach dem andern in seiner radikalen Andersheit? Antwort: durch jenen „Verzicht"[112], der vor der Freiheit des andern haltmacht. Der „Verzicht" ist die Wahrheit des Wunsches (vgl. Mt 16, 25). Erst durch diesen „Verzicht" – ich *nehme* mir von mir aus nichts – kommen wir in das Reich des Wunsches, das heißt in das Reich jener Differenz, die „liebende Kommunion" zweier Freiheiten erst möglich macht. Solange wir zu diesem unabdingbaren „Verzicht" (und dieser notwendigen Trauerarbeit) nicht bereit sind, verbleiben wir in der kannibalischen Sicht der Bedürfnisse, die sogar aus dem lebendigen, freien Gott, ein „großes Brötchen" macht, das wir uns nehmen können, um unser Trostbedürfnis und unseren unendlichen Hunger zu stillen.

Erst wenn dieser Umschlag vom Bedürfnis zum

---

112 „Verzicht" nicht im üblichen moralisch-asketischen Sinn verstanden, sondern als tiefenpsychologischer terminus technicus gemeint – ähnlich der Trauerarbeit.

Wunsch geschehen ist, kann der freie Gott – allein aus Liebe – unseren Wunschüberschuß in seine Unendlichkeit aufnehmen und uns als Sohn und als Tochter (ewig) anerkennen, weil es *ihm* so gefallen hat.

Damit können wir die Überlegungen zum „natürlichen" Tod abschließen. Ob wir an die Unsterblichkeit der Seele glauben und für die Botschaft von der Auferweckung der Toten nur Spott übrigen haben, wie die Athener auf dem Areopag (vgl. Apg 17, 32); oder ob wir im Sinne der europäischen Moderne den „natürlichen Ganztod" des Menschen verteidigen und die Botschaft von der Totenauferweckung als Mythologie von gestern abtun; oder ob wir schließlich wie zahllose Zeitgenossen und Zeitgenossinnen an die Seelenwanderung glauben und für die Rede von der „Auferweckung der Toten" nur ein müdes Lächeln übrig haben – sicher ist: Die christliche Botschaft von Gott, der die Toten erweckt (Röm 4, 17), steht immer quer zu unseren jeweiligen Todestheorien und bleibt folglich für die Vernunft stets eine Zumutung und ein Skandal. Mögen wir den Tod als etwas „Natürliches" oder etwas „Widernatürliches" ansehen: Darauf kommt es letztlich nicht an, denn die Hoffnung auf die Auferweckung der Toten gründet nicht in unseren Theorien über den Tod, sondern einzig und allein in Gottes Freiheit. Lassen wir doch Gott frei. Es gibt nicht nur eine klerikale, sondern auch eine sehr profane, sehr „vernünftige" Gefangennahme Gottes.

2.3.3 „Wenn du meinst, du hättest begriffen, hast du es nicht mit Gott zu tun" (Augustinus)

Während der Einwand im Namen des „natürlichen Todes" sich gegen jede todüberwindende Hoffnung rich-

tet, hat ein zweiter Einwand speziell das „ewige Leben"
im Visier. Die „neuen Christen" fürchten, ein „ewiges
Leben" sei unvereinbar mit all dem, was wir über das
Menschsein des Menschen *wissen* und täglich *erfahren*. J.
Pohier hat es pointiert formuliert: „Nicht mehr dem
Tod, nicht mehr der Schuldhaftigkeit, nicht mehr dem
Unterschied des Geschlechts unterworfen sein, heißt
kein Mensch mehr sein."[113] Wer für den Menschen
Ewigkeit will, hebt das Menschsein des Menschen auf.
Mann kann diesen Einwand mehr philosophisch oder
mehr psychologisch formulieren.

Die *philosophische Variante* läßt sich so zusammenfassen: Der Mensch ist essentiell ein geschichtliches Wesen.
Jeder Mensch lebt in einer Geschichte, besser: in mehre-
ren Geschichten gleichzeitig (oder nacheinander), seien
diese Geschichten schrecklich oder lustig, dramatisch
oder langweilig oder ein Gemisch aus allem. Geschichten aber haben immer einen Anfang und ein Ende, was
nichts anderes als dies besagt: Der Mensch ist essentiell
ein zeitliches Wesen. Mensch und Zeit gehören so notwendig zusammen wie Gott und Ewigkeit. Die Rede
von einem „ewigen Menschenleben" ist folglich ein
Widerspruch in sich: ein hölzernes Eisen. Ein Mensch,
enthoben der Geschichte und der Geschichten, ohne
Veränderung, Entwicklung und Zukunft hört auf,
Mensch zu sein. Er ist nur noch als eine Art Mumie

---

113 J. Pohier: Wenn ich Gott sage (s. Anm. 105), S. 157. Weil der
Mensch nicht den Mut aufbringt, in der eigenen Sexualität und
Sterblichkeit zu wohnen, „schreibt er Gott die Absicht zu, eine andere
Wohnung zu bereiten" (a.a.O.). Aber wenn Gott einen „ewigen,
a-sexuellen Menschen" *gewollt hat*, warum hat er ihn dann als ge-
schlechtliches und folglich sterbliches Wesen erschaffen? Schafft
Gott in zwei Etappen, oder hat nicht eher der menschliche Größen-
wahn sich dies ausgedacht? (vgl. ebd., S. 153–175)

denkbar: eine „empörende Vorstellung" und ein Gedanke, der „etwas Grausendes in sich hat", wie schon der Philosoph Kant bemerkt hat[114].

Ein schwieriger Einwand, der einmal mehr zeigt, wie schnell unser Reden von Gott an schier unübersteigbare Grenzen stößt und wie sehr unsere Hoffnung auf ein „ewiges Leben" unvorstellbar bleibt. Jeder Wunsch, das ewige Leben sich vorstellen zu wollen, *muß* scheitern. Wir würden darin Nachtfaltern gleichen, die vom Licht der Sonne reden wollen und müssen – und es doch nicht können. Vielleicht könnte man diesem Bedenken der „neuen Christen" mit dem Hinweis auf Gottes *bleibende* Unbegreiflichkeit begegnen und in sehr menschlichen Worten (andere haben wir nicht) so sagen: Wir werden „im Himmel" gemeinsam in Gottes ewiges Geheimnis „hineingehen", besser: in Gottes unmittelbare Offenheit hineingerissen werden. In diesem ekstatisch-beglückenden *Gang* gelangen wir an kein Ende, weil die *bleibende* Unbegreiflichkeit Gottes auch „in Ewigkeit" vom Geschöpf nicht ausgelotet werden kann[115]. So *geht* also auch der vollendete Mensch ewig in eine Zukunft, „aus der

114 I. Kant: Das Ende aller Dinge (Ges. Schriften, hrsg. v. d. Preußischen Akademie der Wissenschaften, Bd. VIII). S. 334, 327.
115 Vgl. hierzu K. Rahner: Überlegungen zur Methode der Theologie. In: Schriften zur Theologie IX, Zürich 1970, S. 116 f.; ders.: Bekenntnis zu Thomas von Aquin. In: Schriften ... X, Zürich 1972, S. 16; G. Bachl versucht dieses himmlische „Dasein in lebendiger Ruhe und ruhender Lebendigkeit" mit pradoxen Formulierungen zu umkreisen: „ein Dasein in unmittelbarer Gegenwart des ewigen Sinngrundes, entgrenzt durch die Communio mit Gott, aller Wirklichkeit offen, versammelt aus aller Zerstreuung in Zeit und Raum auf das Sein, ohne versteinert zu werden, bewegt in der Unerschöpflichkeit der Gegenwart, ohne das Erlebte je hinter sich zu lassen und zu beenden – das ist der Himmel" (G. Bachl: Die Zukunft nach dem Tod (s. Anm. 109), S. 100 f.)

ihm die Macht des Lebens schlechthin gegenwärtig wird"[116].

Zur *psychologischen Variante.* Sie wurde im Kern bereits von Sigmund Freud formuliert und wird heute von einigen „neuen Christen" neu variiert wiederaufgenommen: Gott und Unsterblichkeit, Mensch und Sterblichkeit gehören zusammen. Wer für den Menschen Unsterblichkeit verlangt, greift nach göttlichen Privilegien und wiederholt damit nur die Ursünde: sein wollen wie Gott (vgl. Gen 3, 5). Wer für den Menschen Ewigkeit beansprucht, will die *Vergöttlichung* des Menschen und zeigt damit nur, daß er seinen Ödipus nicht verarbeitet hat. Wie der kleine Hans in der Ödipusphase nach den Privilegien seines irdischen Vaters trachtet (den er fälschlicherweise allmächtig wähnt), so ähnlich strebt der „Ewigkeitsgläubige" nach den Privilegien des himmlischen Vater-Gottes, dem allein Ewigkeit zukommt. Damit aber wird der notwendige Unterschied zwischen Gott und Geschöpf aufgehoben!

Ist das zwingend? Nivelliert unsere Hoffnung auf ein „ewiges Leben" wirklich den Unterschied zwischen Gott und Mensch? Werden wir im „ewigen Leben" eine Art Gott, was ja angeblich der geheime Urwunsch eines jeden (männlichen) Menschen sein soll? Die vor allem in der Ostkirche verbreitete Rede von der „Vergöttlichung" des Menschen mag diesem Mißverständnis Vorschub geleistet haben. In Wirklichkeit kann keine Rede davon sein, daß wir im Himmel Götter oder gar Gott werden. Unser Leben hier und heute ist nach christlichem Verständnis durch und durch Gabe und Geschenk Gottes: radikal *verdanktes* Sein. Das bekennen wir, wenn

---

116 G. Bachl: Über den Tod und das Leben danach, Graz 1980, S. 167.

wir unseren *Schöpfer* loben. Wenn nun der ewige Gott in einer fortwährenden Neuschöpfung uns *ewig* Leben schenken will, werden wir dadurch weder Gott noch unendlich, sondern als *radikal verdankte*, endliche Menschen dürfen wir ewig im schöpferischen Gedächtnis Gottes leben. Für die „neuen Christen" – wir haben schon darauf hingewiesen – leben die Toten im Gedächtnis der (sterblichen) Menschen weiter. Was aber, wenn wir auch im Gedächtnis des ewigen Gottes weiterleben dürfen und dieses Gedächtnis Gottes immer schöpferisch ist und bleibt, das heißt aus dem Nichts schafft und im Sein erhält? Wir bleiben in Zeit und Ewigkeit verdankte Wesen; wohl aber muß man fragen, ob die heute zu vielen Mißverständnissen Anlaß gebende christliche Rede von der *Vergöttlichung* des Menschen nicht besser unterbleiben sollte. Wer die Tradition, in der diese Rede entstanden ist, nicht mehr kennt, wird sie fast notwendig mißverstehen müssen.

Wenn wir das „ewige Leben" als radikale Neuschöpfung sehen (vgl. 2 Kor 5, 17) – und meines Erachtens kann man es nur so sehen, weil wir von Haus aus sterblich sind – so droht ein völliger Bruch zwischen dem irdischen und dem ewigen Leben. Um in dieser radikalen Diskontinuität die bleibende Kontinuität zu wahren, habe ich so hartnäckig auf Praxis und Erfahrung der Liebe verwiesen; denn in der Liebe erfahren wir schon hier und heute einen Hauch Ewigkeit[117]. Wenn gerade in

---

117 Die Tradition hat bekanntlich diese Kontinuität mit der Lehre von der „unsterblichen Seele" zu sichern versucht. Da aber diese Lehre heute philosophisch umstritten ist und ich die christliche Hoffnung nicht an ein anthropologisch umstrittenes Problem knüpfen möchte, ziehe ich es vor, diese Kontinuität in der Erfahrung der Liebe zu suchen (ohne daß damit ein Widerspruch zur Tradition entstehen muß).

der Liebe die Kontinuität zu suchen ist (vgl. 1 Kor 13, 13), würde „Auferstehung des Fleisches" auch dies heißen: Wir werden in Gott die ganze Geschichte unserer Liebe wiederfinden und auch alle die, die wir geliebt haben.

2.3.4 *Kein Leben nach dem Tode,*
ohne Leben (für alle) vor dem Tod

Ein dritter Einwand der „neuen Christen" lautet: Der Himmel interessiert uns nicht, denn wir haben als Christen auf dieser Erde genug zu tun. Der christliche Glaube gibt uns genug Freude für ein Leben im Hier und Heute; er gibt uns auch genug Kraft für die notwendige Arbeit am Menschenhaus.

Hinter diesem Einwand verbirgt sich die Sorge, das traditionelle Christentum sei so sehr vom „Jenseits" fasziniert, daß es diese Welt mit ihren kleinen Freuden und großen Sorgen nicht ernst genug nehme: Statt sich mit der schwierigen Sexualität auseinanderzusetzen und den Eros zu humanisieren und zu kultivieren, würden die traditionellen Christen lieber Eros und Sexualität verdächtigen und vom a-sexuellen Leben im Himmel träumen; statt sich im Schweiße ihres Angesichts auf die kleine Sinnsuche hier und heute zu begeben, würden sie lieber vom absoluten Sinn im Himmel fabulieren; statt aus diesem unfertigen Haus ein bewohnbares Zuhause für alle zu gestalten, zögen sie es vor, vom „neuen Jerusalem" im Himmel zu schwärmen. Das alles sei eben leichter und dispensiere von undankbarer Kleinarbeit.

Daß das Christentum immer wieder dieser Gefahr erlegen ist, wer wollte es leugnen? Trotzdem dürfen wir uns nicht in die inzwischen hoffentlich überholte Alternative verstricken: entweder Himmel oder Erde. Nur wer sich für die Erde einsetzt, darf vom Himmel träumen. Keine glaubwürdige Rede von einem Leben nach dem Tod ohne radikalen Einsatz für ein Leben vor dem Tod. Keine glaubwürdige Rede von ewiger Freiheit ohne mutige Unterstützung der Freiheits- und Emanzipationsbewegungen dieser Erde. Keine glaubwürdige Rede vom engelgleichen Leben in Gottes Ewigkeit, solange wir hier und heute Eros und Sexualität verketzern.

Diese Evidenzen vorausgesetzt, würde ich einem Christen hierzulande, der mir sagt, ein Jenseits interessiert mich nicht, weil mir das Christentum genug Sinn auf dieser Erde gibt, antworten: Es kommt im Christentum nicht in erster Linie darauf an, was dich interessiert, sondern was Gott mit uns vorhat. Die Frage nach dem persönlichen Interesse ist vielleicht doch eine allzu bourgeoise Einstellung zu diesem Thema, zumal wir auf der Schokoladenseite des Planeten leben dürfen.

Fazit: Die Einwände der „neuen Christen" sind ernst zu nehmen. Nur wenn wir uns diesen Einwänden stellen, an ihnen leiden, uns durch sie in Frage stellen lassen, können wir heute in einer Art zweiter Naivität die „Hoffnung auf die Auferweckung der Toten und das ewige Leben" glaubwürdig und froh bekennen.

Die traditionelle Theologie hat im Laufe der Jahrhunderte zweifelsohne immer wieder das Bilderverbot (Dt 4, 16; Ex 20, 2–4) übertreten, indem sie allzuviel über Gott und Gottes Ewigkeit zu wissen vorgab. Man darf sich aber fragen, ob die heutigen „neuen Christen und Christinnen" sich ans Bilderverbot halten, wenn sie so genau und dezidiert zu wissen meinen: Mit dem Tod ist alles aus! Auch hier ehren wir Gott, indem wir ihn frei lassen. Lassen wir uns doch überraschen!

100

3. KAPITEL

Hoffnung auf endgültige Versöhnung

Dürfen wir hoffen, daß Gott, der das Heil aller will (1 Tim 2, 4; Röm 5, 18), einst auch alle Menschen in seinem Reich des Friedens zu versammeln vermag? Oder müssen wir annehmen, daß die Menschheit ewig in zwei unversöhnte Lager auseinanderbricht: in ein Reich der Freiheit, Freude und Liebe einerseits und ein Reich der Finsternis, des Entsetzens und des Hasses andererseits? Dieser schwierigen Frage soll in diesem dritten Kapitel nachgegangen werden.

Die Vollendung des einzelnen wie der Menschheit insgesamt geschieht nach jüdisch-christlichem Verständnis durch das Gericht hindurch, weil Gott unsere Freiheit und Verantwortung ernst nimmt. Wo aber vom Gericht geredet wird, muß nach katholischem Verständnis auch vom „Fegfeuer" die Rede sein; denn die Lehre vom Fegfeuer gibt dem Gedanken Ausdruck, „der Mensch werde im Tod durch das Gericht hindurch *geheilt* und vollendet"[118].

3.1 Entdeckung und Neuentdeckung des Fegfeuers

Der Gedanke an eine mögliche Läuterung nach dem Tod (das meint der wenig glückliche Ausdruck „Fegefeuer") ist der Kirche nicht über Nacht zugeflogen, sondern ist in

118 G. Bachl: Über den Tod und das Leben danach (s. Anm. 116), S. 258.

einer langen und bis heute nicht ganz aufgearbeiteten Geschichte erst nach und nach entdeckt worden. Die Anfänge dieser Entdeckung reichen ins zweite Jahrhundert n. Chr. zurück; zum Abschluß gekommen ist sie erst im 12. Jahrhundert[119]. Das ist nicht verwunderlich, denn die Bibel läßt uns in der Frage nach dem Fegfeuer zunächst im Stich. Es lassen sich kaum Bibelstellen finden, die *eindeutig* und *ausdrücklich* von einer möglichen Läuterung nach dem Tode reden. Ist der Gedanke einer Läuterung jenseits der Todesgrenze aber erst einmal entdeckt, lassen sich Bibelstellen anführen, die in dieser Richtung gedeutet werden können[120].

Die Hoffnung der ersten Christen und Christinnen richtete sich auf die Wiederkunft Christi (die Parusie), die Auferweckung der Toten und das Jüngste Gericht mit seinem doppelten Ausgang: Himmel und Hölle. Weil die ersten Christen diese dramatischen Endereignisse als nahe bevorstehend erwarteten, schenkten sie der „Zeit" zwischen dem Tod des Einzelmenschen und der kommenden Totenerweckung *aller* wenig Beachtung. Es ist deshalb unmöglich, genau in Erfahrung zu bringen, wie sich die ersten Christengenerationen die „wartende" Seinsweise der Verstorbenen während dieser „Zwischenzeit" vorgestellt haben. Es gab damals noch keine Katechismen und theologischen Handbücher, in denen alles logisch klar und schön detailliert nachgelesen werden konnte. Die Vorstellungen über die „Letzten Dinge" waren deshalb uneinheitlich[121]. Das

---

119 Vgl. J. Le Goff: La naissance du purgatoire, Paris 1981; dt.: Die Geburt des Fegfeuers, Stuttgart 1984 (die deutsche Übersetzung läßt zahlreiche Wünsche offen).
120 Vgl. 2 Makk 12, 45; 1 Kor 3, 10–15; Mt 5, 26; 12, 31 f.
121 So meint z. B. der Apostel Paulus zur Zeit seines ersten Briefes an die Korinther, er werde die Wiederkunft Christi noch zu seinen

Fegfeuer war noch nicht entdeckt. Wie kam es zu dieser Entdeckung?

3.1.1 Ein Blick in die Geschichte

Drei Erfahrungen sind meines Erachtens mitverantwortlich, daß es zur Entdeckung des „Fegfeuers" gekommen ist:

Erste Erfahrung: *Die Liebe ist stärker als der Tod!* Weil der „Jüngste Tag" auf sich warten ließ, wurde die Frage nach dem Schicksal der Verstorbenen zwischen Tod und Auferweckung dringlicher. Die Liebe wurde erfinderisch! Sie akzeptiert nicht ohne weiteres die Trennung zwischen Lebenden und Verstorbenen, weil sie weiß: Liebende gehören zusammen. Diese solidarische Liebesgemeinschaft zwischen Lebenden und Verstorbenen fingen die Christen liturgisch zu feiern an, indem sie für ihre lieben Toten beteten in der Absicht, ihnen das Los im Jenseits zu erleichtern und auf ihrem Weg ins Paradies beizustehen. Damit gaben die Christen der Hoffnung Ausdruck, daß in Gottes Jenseits für den Menschen noch offene Möglichkeiten bestehen[122]; daß wir einan-

Lebzeiten „erleben". Zur Zeit des 2. Briefes an die Korinther hat er diese Erwartung aufgegeben und hofft nach seinem Tod (sofort?) „beim Herrn zu sein" in einer unvorstellbaren „Neueinkleidung" – also nicht bloß als leiblose Seele (vgl. 2 Kor 5, 1–8; vgl. auch Phil 3, 10, 20 f.). Andere Christen und Christinnen der ersten Zeit glaubten, im Anschluß an spätjüdische Vorstellungen, daß die Verstorbenen in verschiedenen Räumen der Unterwelt auf die Auferweckung der Toten und das „Jüngste Gericht" warteten: die Bösen an einem Ort der Qual; die Guten an einem angenehmen Ort; nur von den Märtyrern glaubte „man" (einheitlich war auch das nicht!), daß sie sofort nach dem Tod ins Paradies kommen werden. Ein „Fegfeuer" hat in diesem Vorstellungsschema noch keinen Platz.

122 In traditioneller und dogmatisch genauerer Formulierung:

der – in der Liebe vereint – auch über das Grab hinaus zu tragen vermögen. Dabei konnten sich die Christen auf eine Stelle aus dem zweiten Makkabäerbuch berufen: „Es ist ein heiliger und heilsamer Gedanke, für die Verstorbenen zu beten, damit sie von ihren Sünden erlöst werden" (2 Makk 12, 45). Mit dieser liturgischen Gebetspraxis, die seit dem 2. Jahrhundert in der Ost- und Westkirche bezeugt ist und die im Verlauf der Fegfeuerlehre immer eine zentrale Stellung behalten wird, ist das Tor zum „Fegfeuer" einen Spalt breit geöffnet worden (wenn ich mich so räumlich ausdrücken darf).

Zweite Erfahrung: *Es ist nicht leicht, die verlorene Selbstachtung (und das abhanden gekommene Selbstwertgefühl) wiederzugewinnen!* Wer an Gott und den Mitmenschen schwer schuldig geworden ist, verliert sein Selbstwertgefühl und seine Selbstachtung. Beides kann wohl nur dann wiedergewonnen werden, wenn dem schuldig Gewordenen durch verzeihende Liebe ein neuer Anfang geschenkt und auch die Möglichkeit gewährt wird, die Folgen seiner bösen Tat wiedergutzumachen.

Solche Erfahrungen sind wohl die geheime Triebfeder von Cyprians († 258) komplizierter Bußlehre und Bußpraxis, die die kommende Fegfeuerlehre mitprägen werden[123]. Cyprian, Bischof in Karthago, macht sich Sorgen um die sogenannten Durchschnittschristen, die während der Zeit der Christenverfolgung ihren Glauben

„Auch wenn die Lebensentscheidung mit dem Tod endgültig abgeschlossen und unverrückbar ist . . ., so muß sein endgültiges Geschick nicht notwendig schon augenblicklich erreicht sein; es kann sein, daß der Grundentscheid eines Menschen von sekundären Entscheidungen überdeckt ist und gleichsam erst freigelegt werden muß" (J. Ratzinger: Eschatologie [s. Anm. 70], S. 179).
123 Zu Cyprians Bußlehre vgl. K. Rahner: Frühe Bußgeschichte in Einzeluntersuchungen. In: Schriften zur Theologie XI, Zürich 1975, 224–324.

öffentlich verleugnet haben. Wenn diese abgefallenen Christen nun um Versöhnung mit Gott und der Kirche nachsuchen, kann – so Cyprian – ihnen eine *volle* Versöhnung erst nach einer langen Bußzeit gewährt werden! Durch öffentliche Buße müssen sie den Ernst ihrer Umkehr unter Beweis stellen und ihre Selbstachtung zurückgewinnen. Die Auflage, Buße zu tun, nimmt die Sünder als verantwortliche Subjekte ernst[124], während eine einfache Begnadigung paternalistisch mißverstanden werden könnte. Was aber, wenn diese reuigen, bußwilligen Sünder vor Ablauf der Bußzeit sterben? Cyprians Antwort im Anschluß an Mt 5, 26: Sie können in Gottes Ewigkeit ihre Buße zu Ende führen[125]. Damit ist in der westlichen Kirche der Gedanke an ein reinigendes (und sühnendes) Strafleiden nach dem Tod geboren[126]. (Später wird es dann in den Katechismen und theologischen Handbüchern heißen: Im „Fegfeuer" müssen die Seelen noch zeitliche Sündenstrafen verbüßen).

124 Ob allerdings im Lichte heutiger Psychologie freiwillige Buße geeignet ist, die Selbstachtung wiederzugewinnen, steht auf einem anderen Blatt, ganz abgesehen davon, ob mein Interpretationsversuch der *Tiefengrammatik* der Bußlehre Cyprians gerecht wird.
125 Ähnlich wie Cyprian wird noch im 12. Jahrhundert, zu einer Zeit, in der das Fegfeuer fest etabliert ist, Petrus Lombardus reden (vgl. Petrus Lombardus: Sententiae in IV libris distinctae, Tomus II, Grottaferrata 1981, Liber IV, distinctio 20).
126 Bereits vor Cyprian hat der strenge nordafrikanische Kirchenvater Tertullian († ca. 220) das Gleichniswort Jesu in Mt 5, 26 aufgegriffen und seine Reichweite bis ins „Jenseits" ausgedehnt. Jesus fordert in diesem Gleichnis den Menschen auf, sich noch auf dem Weg zum Richter mit seinem Prozeßgegner zu einigen. Wenn das nicht geschieht, „wirst du ins Gefängnis geworfen. Amen, das sage ich dir: Du kommst von dort nicht heraus, bis du den letzten Pfennig bezahlt hast." So kann Tertullian die Zeit zwischen Tod und Auferweckung als eine Art Kerkerhaft deuten, in der die Seele durch Leiden Gelegenheit erhält, den „letzten Pfennig zu bezahlen" und sich so auf die Auferweckung vorzubereiten.

Dritte Erfahrung: *Mensch werden ist ein langer und mühsamer Prozeß!* Der Mensch macht die schmerzliche Erfahrung, daß er von Hause aus ein unvollkommenes Wesen ist und erst durch lange und geduldige „Erziehung" zur Reife findet. Diese Erfahrung bewegt die beiden großen alexandrinischen Theologen Clemens († ca. 215) und Origenes († 254). Beide Kirchenmänner stellen die christliche Existenz unter den griechischen Gedanken der „Erziehung" (παιδεία). Gott, der große Pädagoge, nimmt den unvollkommenen Menschen von Anfang an in die Hand und erzieht ihn ein Leben lang – auch und gerade durch Leiden. Dieses erzieherische Wirken Gottes macht an der Schwelle des Todes nicht halt. Das „reinigende Feuer" Gottes[127] kann den Menschen auch noch nach dem Tod zur endgültigen Reife „frei brennen". Auf diese Weise gewinnen die Alexandriner einen Schlüssel zur Deutung des geheimnisvollen paulinischen Textes aus dem ersten Brief an die Korinther: der Mensch wird am Tag des Herrn „wie durch Feuer hindurch" gerettet (1 Kor 3, 15). (Später können wir dann in den Katechismen lesen: Im „Fegfeuer" wird die Seele von noch verbleibenden *läßlichen* Sünden gereinigt.)

Diese drei Grunderfahrungen stehen am Anfang der Fegfeuerlehre. Allerdings dauerte es noch Jahrhunderte, bis die „dunkle Frage" (Augustinus) nach dem reinigenden Feuer theologisch geklärt war. Die Neugierde der Theologen und die blühende Phantasie der Mönche (und des Volkes) – unterstützt durch Fegfeuerträume, Fegfeuervisionen und in Trance erlebte phantastische Jenseitsreisen – ließen immer wieder die personalistische Dimension der drei Grunderfahrungen vergessen, so

127 Vgl. Jes 66, 15; Dt 4, 24; Heb 12, 29.

daß die frei schwebende Fegfeuerphantasie oft in eine Verdinglichung abdriftete, die dem Grotesken, ja Albernen Tür und Tor öffneten. So konnte man beispielsweise jahrhundertelang darüber diskutieren, wo denn nun das Fegfeuer zu lokalisieren sei: Befindet es sich in einer jenseitigen Region, oder wird die „arme Seele" auf dieser Welt genau an jenem Ort bestraft, wo sie gesündigt hat? Liegt die Öffnung zum Fegfeuer in Irland oder vielleicht in Sizilien (in der Nähe des Ätnas, der eine Zeitlang als Eingang zur Hölle galt)? Auch die Frage nach der Art des Strafleidens hielt die Diskussion jahrhundertelang in Atem: Werden die Seelen gepeinigt durch Feuerflammen oder durch eisige Kälte oder gar durch ein Wechselbad zwischen Hitze und Kälte? Alles wurde vertreten; schließlich schien sich die Feuerstrafe durchzusetzen, wobei der Streit weiterging, ob es nun ein materielles oder geistiges Feuer sei. Auch Tiere (Drachen, Schlangen, Skorpione) mußten herhalten, um die Seelen zu quälen ... Alles war gut genug, um die von dem großen Augustinus in die Welt gesetzte These zu illustrieren: die kleinste Pein im Fegfeuer sei schrecklicher als der größte Schmerz auf Erden (eine These, die die mittelalterliche Theologie übernommen hat). Diskutiert wurde auch die Frage, ob die Fürbitte der Blutsverwandten wirksamer sei als das Gebet der Bekannten und Freunde; schließlich wurden auch noch Berechnungen darüber angestellt, wie viele heilige Messen und wie viele Ablässe nötig seien, um die genau berechnete Fegfeuerzeit um Tage und Monate zu verkürzen. Probleme dieser Art bewegten die religiöse Phantasie auch dann noch, als die offiziöse Fegfeuerlehre längst feststand. Diese fand ihre klassische theologische Formulierung Ende des 12., Anfang des 13. Jahrhunderts: Das Fegfeuer ist ein „Ort", an dem die Seele, die in der Gnade Gottes stirbt, ihre auf Erden noch nicht verbüßten „zeitlichen Sündenstrafen" ausleidend tilgen muß und unter Schmerzen von ihren noch vorhandenen läßlichen Sünden gereinigt wird[128].

Die römisch-katholische Kirche hat offiziell und verbindlich erst spät zur Fegfeuerlehre Stellung genommen: zum ersten Mal im Gespräch mit den Kirchen des Ostens[129]; das zweite Mal in Auseinandersetzung mit den Reformatoren[130]. Dabei hat die katholische Kirche den in ihrer Mitte während Jahrhunderten langsam gewachsenen Fegfeuerglauben aufgegriffen (vox populi – vox dei), von Auswüchsen gereinigt und äußerst knapp formuliert: „Es gibt einen Reinigungsort (purgatorium), und die dort festgehaltenen Seelen finden eine Hilfe in den Fürbitten der Gläubigen, vor allem aber in dem Gott wohlgefälligen Opfer des Altares."[131] Nüchterner geht es nicht. Wir sind weit entfernt von jenen pupulären Vorstellungen, die das Fegfeuer als eine „riesige Folteranstalt", gar als „kosmisches Konzentrationslager" sehen[132]. Die kirchliche Definition hält weder den *Feuercharakter*

128 Vgl. A. M. Landgraf: Dogmengeschichte der Frühscholastik. Vierter Teil: Die Lehre von der Sünde und ihren Folgen, Band II, Regensburg 1956, S. 165 (dort bes. Anm. 34); Charles Kardinal Journet: Le Purgatoire, Paris 1932; dt.: Die katholische Lehre über das Fegefeuer, Jestetten 1990; vgl. ferner G. L. Müller: „Fegfeuer". Zur Hermeneutik eines umstrittenen Lehrstücks in der Eschatologie. In: ThQ 166 (1986) 25–39.
129 So auf dem 2. Konzil von Lyon (1274) und auf dem Konzil von Florenz (1439). Obwohl die Ostkirche das Gebet für die Verstorbenen kennt, lehnt sie die Lehre einer jenseitigen Strafe und Sühne ab.
130 So auf dem Konzil von Trient (1563). Die Reformatoren lehnen das Fegfeuer als unbiblisch ab.
131 So die Formulierung des Konzils von Trient, das die älteren Formulierungen von Lyon und Florenz der Sache nach wiederaufnimmt (Denzinger, 36. Aufl., Nr. 1820).
132 Vgl. L. Boros: Mysterium mortis. Der Mensch in der letzten Entscheidung, Olten 1962, S. 144.

der Fegfeuerstrafe fest (sie redet allgemein von einem Reinigungsort oder Reinigungsgeschehen[133]), noch wird etwas über die „zeitliche Erstreckung" des Fegfeuers gesagt, und auch die räumliche Vorstellung wird – soweit möglich – vermieden. Ferner fügt das Konzil von Trient – durch die protestantische Kritik hellhörig geworden – eine Mahnung an die Bischöfe hinzu: Alles, was „nur einer Art Neugierde dient oder dem Aberglauben oder nach schmählichem Gewinn aussieht, sollen sie verbieten als Ärgernis und Anstoß für die Gläubigen"[134].

Die äußerst kurze kirchliche Verlautbarung zum Fegfeuer läßt zahlreiche Fragen unbeantwortet, denen wir uns über einen Umweg nähern wollen.

3.1.2. Fegfeuer oder Seelenwanderung?

Es ist erstaunlich, wie viele – auch kirchlich ungebundene – junge Menschen sich in unseren Tagen für das Schicksal „ihrer" Verstorbenen interessieren. Kommt man aber mit den gleichen Menschen aufs Fegfeuer und den Tod zu sprechen, stellt sich oft heraus, daß sie mit der traditionellen kirchlichen Lehre vom Tod und Fegfeuer ihre liebe Mühe haben. Warum? Weil sie einfach nicht verstehen können, warum Verstorbene keine Entwicklung und Geschichte mehr haben sollten. Die Tatsache, daß die menschliche Freiheitsgeschichte mit dem Tod an ihr *definitives Ende* gelangen soll (wie die katholische Lehre behauptet), erscheint vielen jungen Menschen, die

133 Der Ausdruck des Konzils von Trient „purgatorium" erlaubt eine doppelte Übersetzung: Reinigungsort oder Reinigungsgeschehen. Lyon und Florenz reden von reinigenden Strafen: „poenis purgatoriis purgari" (Denzinger, Nr. 856; 1304).
134 Denzinger, Nr. 1820.

sich für ein Leben nach dem Tod interessieren, so mon-
strös, daß mir eine 17jährige vor nicht allzu langer Zeit
gar sagte: „Ihr Theologen seid wohl nicht ganz bei Trost!"

In der Tat behaupten Kirche und Theologie, daß die
Lebensentscheidungen des Menschen mit dem Tod
„endgültig abgeschlossen und unverrückbar" seien[135].
Damit wird die Todesstunde zur Schicksalsstunde: Wer
im Zustand der Heiligkeit stirbt, kommt sogleich in den
Himmel, wer in schwerer Sünde stirbt, fährt zur Hölle,
und wer im Stande der Unvollkommenheit stirbt, muß
seine Unvollkommenheit „im Fegfeuer abbüßen", bevor
er in Gottes Seligkeit eingehen kann. Für neue Entscheidungen ist kein Platz mehr, auch nicht im Fegfeuer. Im
Fegfeuer kann nur *leidend* das noch Unintegrierte in die
mit dem Tod feststehende Grundentscheidung integriert
werden[136]. Wagen wir ein banales Bild: Wie eine ge-
sunde, aber noch etwas grüne Tomate auf einem warmen
Dachboden noch nachreifen kann, so ähnlich muß der in
der Gnade verstorbene unvollkommene Mensch noch
leidend nachreifen, bis alles in ihm von Gott durchdrun-
gen ist. Weil der Mensch ein komplexes, plurales Wesen
ist, können sich in ihm, trotz seiner im Leben getroffe-
nen Grundentscheidung für Gott, vor allem im Vorper-
sonalen und Unbewußten noch allerlei Verkrustungen
und Verkrümmungen finden, die ausgebrannt werden

---

135   J. Ratzinger: Eschatologie, (s. Anm. 70), S. 179. Ratzinger vertritt hier die durchgängige, klassische Position: Nach dem Tod können
keine *verdienstvollen* Akte mehr gesetzt werden.
136   Die klassische Theologie hat darüber spekuliert, ob diese Fegfeuerstrafe den Charakter der Freiwilligkeit habe. Antwort: Eine sehr
bedingte Freiwilligkeit ist einzuräumen, weil der Mensch einsieht, daß
das Fegfeuerleiden das einzige Mittel ist, das ihn zu Gott führt (Thomas v. Aquin: De Purgatorio (Appendix ad Supplementum tertiae partis Summae Theologiae), a. 4 = IV Sent., dist. 21, q. 1, a. 1).

müssen; erst dann kann Gott von allen Dimensionen des Menschen Platz ergreifen. Daß dieses „Nachreifen" („Abbüßen von Sünden*strafen*" wie die Theologen sagen) ohne neue Freiheitsakte von seiten des Menschen vor sich gehen soll, mag noch einsichtig sein. Wie aber soll eine unter Umständen noch notwendige Reinigung von läßlicher Schuld geschehen? Kann Schuld (auch läßliche Schuld) ohne einen neuen Akt der Freiheit aufgearbeitet und vergeben werden? Würde dann der Mensch nicht zum Objekt degradiert? Die klassische kirchliche Lehrtradition windet sich: einerseits weiß sie, Schuld (auch läßliche Schuld) kann ohne Reue, ohne einen neuen Akt der Freiheit nicht vergeben werden, andererseits wagt sie es nicht, den Verstorbenen eine neue Freiheitsentscheidung einzuräumen, weil das heißen würde: Die Freiheitsgeschichte geht auch nach dem Tod noch weiter[137]. Liegt hier ein echtes Dilemma vor, oder hat sich in dieser Frage die klassische Theologie selbst eingemauert, so daß die Frage unserer 17jährigen nach dem „Geisteszustand" der Theologen nur zu verständlich ist? Wird der Ernst des Lebens wirklich durchlöchert, wenn die Freiheitsgeschichte nach dem Tod weitergeht? Könnte uns vielleicht die Lehre von der Seelenwanderung weiterhelfen oder wenigstens einen Wink geben?

137 Der ältere Thomas v. Aquin meint, die Fegfeuerstrafe könne einen Menschen – auch ohne einen Akt der Reue/Freiheit – deshalb von (läßlicher) Schuld befreien, weil der Leidende im Fegfeuer im Stand der Gnade sei. (Vgl. Thomas v. Aquin: Compendium theologiae, c. 182; ders.: De malo, q. 7, a. 11). Der junge Thomas scheint in dieser Frage kühner gewesen zu sein, wenn er schreibt, der Mensch könne im Fegfeuer zwar keine Grundentscheidungen mehr treffen, aber weil das Fegfeuer dem Pilgerstand auf Erden ähnlich sei, könne der Mensch im Fegfeuer noch verdienstvolle Akte (Reue!) setzen und so von (läßlicher) Schuld befreit werden. (Vgl. Thomas v. Aquin: De Purgatorio, (s. Anm. 136), a. 6, ad 4 = IV Sent., dist. 21, q. 1, a. 3).

Während zahlreiche Christen und Christinnen heute mit der traditionellen Fegfeuerlehre wenig anzufangen wissen, sind sie gleichzeitig fasziniert von der Idee der Seelenwanderung (Reinkarnation, Wiedergeburt), weil nach dieser Lehre dem Menschen auch nach dem Tod neue Chancen offenstehen. Ist es möglich, die Fegfeuerlehre so zu öffnen, daß etwas vom Anliegen der Wiedergeburtsvorstellung eingebracht werden könnte? Eine Antwort kann nur behutsam erfolgen; einige Umwege sind unerläßlich.

Die Seelenwanderungslehre verspricht zuerst einmal eine Antwort auf die beunruhigende Frage nach Recht und Gerechtigkeit: Warum geht es Guten oft schlecht und Schlechten gut? Warum sind die Menschenschicksale so ungleich? Antwort: Das ungleiche Schicksal ist Wirkung und Folge eines früheren Lebens. So will es das Gesetz des Karma, das gnadenlose Gesetz von Ursache und Wirkung. (Allerdings blickt die Lehre von der Reinkarnation nicht nur zurück, indem sie das oft wenig befriedigende gegenwärtige Leben durch das Gestern zu erklären versucht, sondern sie blickt auch nach vorn auf den Punkt, wo das Rad von Geburt und Tod endlich anhält und die gereifte und vollkommene Seele ins Göttliche aufgeht.)

Auch das Christentum ist an der Frage nach Recht und Gerechtigkeit brennend interessiert. Allerdings haben die Christen keine befriedigende Antwort auf die Frage, warum es hier und jetzt dem einen gut, dem andern schlecht geht. (Der Blick zurück auf die „Erbsünde" erklärt nichts, denn die „Erbsünde" betrifft alle gleichermaßen.) Der Christ blickt in seinem Antwortversuch entschieden nach vorn: Alle Menschen müssen am Ende der Tage in der Szene erscheinen, um Rechenschaft zu geben über ihr Leben (vgl. 2 Kor 5, 10). So will es die

Botschaft vom Gericht und vom Fegfeuer. Recht und Unrecht, Glück und Unglück werden im Christentum weder eingeebnet noch vergleichgültigt, denn am Ende richtet die Wahrheit und siegt die Liebe.

Jeder christliche Dialog mit der Seelenwanderungsvorstellung darf ferner dies nicht vergessen: Die östliche Lehre von der Seelenwanderung hat auf ihrem Siegeszug durch den modernen Westen eine tiefgreifende Umformung erfahren. Es ist etwas anderes, ob man die im Hinduismus und Buddhismus beheimatete Wiedergeburtslehre im Blick hat oder ob man von ihrer westlichen Variante in allen möglichen Spielarten redet. In Indien, dem Ursprungsland der Idee der Wiedergeburt, ist sie keine Frohbotschaft. Im Gegenteil: Die immer neuen Wiedergeburten bis hin zur vollen Reifung der Seele werden als Fluch empfunden, und die Hoffnung zielt darauf, dem leidvollen Kreislauf der Wiedergeburten schließlich zu entrinnen[138].

Im modernen Westen hingegen wird die Lehre von der Wiedergeburt als *Entlastung* und *Trost* empfunden. Weil auf ein mißlungenes Leben ein neues folgt, braucht man verpaßte Chancen nicht zu betrauern; man erhält ja nach dem Tod in einem neuen Leib wieder die Möglichkeit, neue Entdeckungen und Erfahrungen zu machen. Weil alles revidierbar ist, fallen die Entscheidungen leichter und die Verantwortung lastet weniger schwer. Zudem nimmt die Aussicht auf immer neue Leben dem Tod seine Härte. Ob diese westliche Verharmlosung der

138 Vgl. R. Friedli: Zwischen Himmel und Hölle – Die Reinkarnation. Ein religionswissenschaftliches Handbuch, Fribourg/Schweiz 1986; H. Küng, J. van Ess, H. von Stietencron, H. Bechert: Christentum und Weltreligionen. Hinführung zum Dialog mit Islam, Hinduismus und Buddhismus, München und Zürich 1984; R. Hummel: Reinkarnation, Mainz 1988.

östlichen Wiedergeburtslehre dafür verantwortlich ist, daß sie hierzulande immer mehr Anhänger findet?[139]

Es ist schon wiederholt darauf hingewiesen worden, daß die landläufige (westliche) Seelenwanderungslehre schwerlich mit der christlichen Hoffnung zu versöhnen sei[140]. Drei Gründe werden für diese Unvereinbarkeit ins Feld geführt:

1. Das Christentum betont die *Einmaligkeit* des Lebens (vgl. Hebr 9, 27). Im einmaligen Hier und Heute hat sich die menschliche Freiheit zu bewähren und zu verwirklichen (vgl. Eph 5, 16). Weil jeder Augenblick unwiederbringlich ist, wird er unendlich kostbar. Durch die Unwiederholbarkeit der Geschichte erhalten unsere Freiheitsentscheide einen Wert, der auf Endgültigkeit hinzielt: Eine Endgültigkeit, die in der Gegenwart ihren unaufhebbaren Anfang nimmt und von Gott dann vollendet wird.

139 Nach neuesten Umfragen soll bereits jeder vierte Westeuropäer und Nordamerikaner an Reinkarnation glauben. „Allein in der Bundesrepublik verdienen mittlerweile rund tausend ‚Reinkarnationstherapeuten' hauptberuflich an der Reisebegleitung ‚wandernder' Seelen" (H. Wiesendanger: Geister gegen den Geist der Aufklärung? In: Wiedergeburt. Herausforderung für das westliche Denken, hrsg. v. H. Wiesendanger (Sachbuch Fischer) Frankfurt a. M. 1991, S. 9).

140 Vgl. K. Koch: Leben wir nur einmal auf Erden? Seelenwanderung und christlicher Glaube, Fribourg/Schweiz 1985; Reinkarnation – Wiedergeburt – aus christlicher Sicht. Beiträge von C. A. Keller, H. Hänggi, H.-J. Ruppert, Chr. Schönborn (Weltanschauungen im Gespräch, Bd. 2), Zürich 1987; G. Greshake: Seelenwanderung oder Auferstehung? In: Greshake: Gottes Heil – Glück des Menschen, Freiburg i. Br. 1983, S. 226 – 244; ders.: Tod und dann? Ende – Reinkarnation – Auferstehung. Der Streit der Hoffnungen (Herderbücherei 1504), Freiburg i. Br. 1988; Ch. Schönborn: Existenz im Übergang. Pilgerschaft, Reinkarnation, Vergöttlichung, Trier 1987.

2. Die Seelenwanderungsvorstellung sieht die Identität des Menschen in seiner *Seele* und betrachtet den Leib als mehr oder weniger äußere, auswechselbare Hülle. Die Bibel hingegen sieht den Menschen als einmaliges personales Ganzes. Die Plausibilität der Seelenwanderungslehre beruht demnach auf einem extremen Leib-Seele-Dualismus, der biblischem Denken fremd ist (obwohl die kirchliche Tradition unter neuplatonischem Einfluß sehr oft auch einem Leib-Seele-Dualismus verfallen ist).

3. Die Lehre der Seelenwanderung setzt voraus, daß die ganze Gerechtigkeit selber zu leisten ist, während das Christentum um die Gnade der Vollendung weiß. Zwar ist auch der Christ ganz und gar und mit all seinen Fähigkeiten und Kräften an seiner Reifung und Vollendung beteiligt – gleichzeitig aber weiß er sich ganz und gar von Gottes Liebe umfangen und getragen, so daß er – trotz Schuld und Versagen – sich annehmen und zu sich ja sagen darf. Zudem: Gibt es in der Welt nicht Brüche und Schuld, die durch keine menschliche Leistung abgegolten werden können, sondern nur durch liebendes Verzeihen geheilt werden können?

Diesen drei christlichen Bedenken gegen die Idee von der Seelenwanderung wird man beipflichten müssen. Trotzdem vermögen sie eine Frage nicht zu unterdrükken: Was ist mit all jenen Menschen, denen es – aus was für Gründen auch immer – während ihres *einmaligen* Lebens nie vergönnt war, zu einer letzten, ja nicht einmal zu einer ersten personalen Freiheitsentscheidung zu gelangen? Etwa jene Unzähligen, die als unmündige Kinder vom Tod ereilt worden sind? Karl Rahner, einer der bedeutendsten katholischen Theologen dieses Jahrhunderts, der uns bis zu seinem Tod in jugendlicher Fri-

sche mit immer neuen theologischen Ausblicken zu erfreuen wußte, schreibt im Alter: „Ich habe selber wahr-
haftig nichts übrig für ‚Seelenwanderung' und ähnliche
Vorstellungen. Aber wenn man die ungeheure Verbrei-
tung dieser Vorstellungen in Raum und Zeit erwägt, die
heute ja keinem engeren Kulturkreis allein angehören,
wenn man unser abendländisches Empfinden nicht gar
zu schnell und selbstverständlich als das allein richtige
einschätzt, dann kann man sich fragen, ob an dieser Lehre
von der Seelenwanderung nicht doch etwas Richtiges
sein könnte . . ., ob für eine gemäßigte Seelenwanderungslehre nicht doch auch innerhalb der christlichen
Dogmatik von der Fegfeuerlehre her ein Platz frei
wäre"[141] – und damit die Möglichkeit für eine freie per-
sonale Entscheidung auch noch nach dem Tod. Die traditionelle Theologie verneint diese Möglichkeit aus einem
doppelten Grund: Erstens könnte dadurch der Ernst des
Lebens, der gerade von seiner Einmaligkeit herrührt,
aufgeweicht werden; zweitens ist die Tradition überzeugt, daß in jedem irdischen Leben, wie armselig und
primitiv es auch gelebt werden mag, *jeder* erwachsene
Mensch imstande ist, eine endgültige Entscheidung für
oder gegen Gott zu fällen (allerdings braucht dies keine
ausdrückliche Entscheidung für Gott zu sein; sie kann sich
im Einzelfall auch implizit im Dasein-für-Andere und
im Gehorsam gegenüber seiner eigenen Wahrheit vollziehen). Einzig für die getauften unmündigen Kinder
nimmt die Kirche an, daß sie ohne persönliche Freiheits-

---

141   K. Rahner: Kleine Bemerkungen zur Fegfeuerlehre. In: Unterwegs zur Einheit. Festschrift für H. Stirnimann, hrsg. v. J. B. Brantschen und P. Selvatico, Fribourg und Freiburg 1980, S. 484 (mit un-
wesentlichen Detailsänderungen wiederabgedruckt unter dem Titel
„Fegfeuer" in: Schriften zur Theologie XIV, Zürich 1980, 435–449;
Zitat S. 447 f.).

entscheidung in Gottes Seligkeit eingehen können, ohne sich über die Implikationen dieser Aussage weitere Gedanken zu machen[142]. Dieses Festhalten an der menschlichen Freiheit – allen widrigen Umständen zum Trotz – ehrt die klassische Theologie und bewahrt sie vor dem heute wohlfeilen Entschuldigungsmechanismus. Dennoch: Ist dieses Lob der Freiheit nicht viel zu abstrakt und idealistisch, gesungen von Theologen in Elfenbeintürmen ohne große Ahnung von der real existierenden Welt? Unterschätzt die Tradition nicht die psychischen und die gesellschaftlich bedingten Gefangenschaften der konkreten menschlichen Freiheit? Müßte man dann nicht – wie Rahner schreibt – „zugestehen, daß der größere Teil der Himmelsbewohner (mindestens wenn man heute im Gegensatz zur augustinischen Tradition die ungetauft sterbenden Kinder in den Himmel eingehen läßt) sich aus Menschen zusammensetzt, die nie zu einer personalen Entscheidung gelangt sind ... Diese ‚Seligen‘ wären Menschen, die in alle Ewigkeit Gott nie frei geliebt haben, deren ewige Liebe nie durch das Tor ihrer Freiheit in Endgültigkeit eingegangen wäre. Ich finde eine solche Vorstellung schrecklich."[143]

Ja, eine solche Vorstellung ist schrecklich; denn sie überrennt die Würde der menschlichen Person. Dieser schrecklichen Vorstellung ist nur dann zu entrinnen, wenn angenommen werden darf, daß im Fegfeuer alle jene Menschen eine neue Chance erhalten, denen es in

---

142 Die getauften verstorbenen Säuglinge (wie übrigens auch die alten Leute) werden als blühende Jünglinge bzw. junge Frauen auferweckt werden, schreibt Thomas v. Aquin, ohne daß er sich über den Status ihrer Freiheit weiter Gedanken macht (Thomas v. Aquin: Supplementum tertiae partis Summae Theologiae q. 81, a. 1).
143 K. Rahner: Kleine Bemerkungen zur Fegfeuerlehre (s. Anm. 141), S. 483 f., bzw. S. 446 f.

ihrem ersten Leben (aus was für Gründen auch immer) nicht vergönnt war, ihre Freiheit auf Endgültigkeit hin zu vollziehen. Was spricht gegen diese Hypothese? Theologisch gesehen nichts, auch wenn wir darüber Sicheres nicht zu sagen wissen.

Nach diesem Blick in die Geschichte und die Gegenwart gilt es, die christliche Lehre von Fegfeuer und Gericht – mit Hilfe der Theologen – noch etwas zu präzisieren[144].

3.1.3 Fegfeuer und Gericht

Das Fegfeuer ist nicht – wie der Kirchenvater Tertullian († 220) gemeint hat – eine Art Kerkerhaft, in der die Seele durch Leiden gepeinigt wird, bis sie den „letzten Pfennig abbezahlt hat" (vgl. Mt 5, 26). Der christliche Gott ist weder ein Buchhalter noch ein Strafrichter, der uns „von außen" Bußen und Strafen auferlegt, bis Soll und Haben unseres sittlichen Kontos pedantisch genau ausgeglichen sind. Eine solche Sicht kommt einer Verleumdung Gottes gleich. Auch wird heute niemand zu behaupten wagen, was – wie wir gehört haben – für Augustinus, Bonaventura und Thomas von Aquin noch selbstverständlich war: Der kleinste Schmerz im Fegfeuer sei größer als die schlimmste Qual auf Erden; denn darüber wissen wir schlicht und einfach nichts.

Das Fegfeuer ist eine Dimension des Gerichtes Gottes über die Menschen, wobei wir die theologische Streitfrage zunächst getrost ausklammern dürfen, ob und wie das „besondere Gericht" über den Einzelmenschen vom „allgemeinen Gericht" über die Menschheit am

---

144 Vgl. zum Folgenden besonders G. Bachl: Über den Tod und das Leben danach (s. Anm. 116), S. 158–182; 257–261; ders.: Die Zukunft nach dem Tod (s. Anm. 109), S. 86–91.

„Jüngsten Tag" zu unterscheiden sei, denn die Bibel kennt nur *ein* Gericht über alle und jeden „am Ende", das heißt am Tag des Herrn[145]. Ob mit diesem „Ende" das Ende der Menschheit oder das Ende des je einzelnen gemeint ist, ist nicht entscheidend, solange wir den Doppelaspekt des Gerichtes im Auge behalten: das Gericht betrifft nicht nur mich als je einzelnen, sondern ebenso mich als Glied eines (reichen) Volkes und als Teil der leidenden Menschheit. Deshalb darf man sagen: Das persönliche Gericht ist gleichzeitig das allgemeine Gericht, und das allgemeine Gericht ist gleichzeitig das persönlichste Gericht (vgl. Mt 25!). Wie aber dieser *Doppelaspekt* des Gerichtes sich konkret vollzieht, bleibt für uns - man kann es nicht oft genug wiederholen – unausdenkbar. Jede Vorstellung darüber, die ja immer zeitliche und räumliche Konnotationen mitschleppt, kann nur in die Irre gehen. Weil aber für jeden von uns sein eigener Tod „das Ende" ist, dürfen wir zunächst Gericht und Fegfeuer in die nächste Nähe zum Tod bringen, ja vielleicht sogar als *im Tod* sich ereignend denken und in metaphorischer

145 H. U. von Balthasar hält die theologische Lehre von den zwei Gerichten (ein besonderes Gericht nach dem Tod und ein allgemeines Gericht am Ende der Welt) für „sowohl biblisch wie auch spekulativ unangängig" (H. U. von Balthasar: Theodramatik. Vierter Band: Das Endspiel, Einsiedeln 1983, S. 325). Man darf mit K. Rahner festhalten, daß das Endgericht für den einzelnen nach seinem Tode stattfinde, was dann nichts anderes besagt als dies: das Endgericht ereignet sich „der zeitlichen Geschichte der Welt ‚entlang‘" und fällt „mit der Summe der partikulären Gerichte der Einzelmenschen" zusammen (K. Rahner: Über den „Zwischenstand". In: Schriften zur Theologie XII, Zürich 1975, S. 456; oder man mag mit Neunheuser das „Jüngste Gericht" als die öffentliche Bestätigung der Einzelgerichte vor der ganzen Welt sehen (vgl. B. Neunheuser: Letztes Gericht. In: Th. Bogler (Hrsg.): Tod und Leben. Von den letzten Dingen, Maria Laach 1950, S. 83).

Sprache so sagen: Im Tod fallen alle Masken. Die Zeit, sich hinter Ämtern, Titeln und Privilegien zu verstecken, ist vorbei. In dieser maskenfreien Begegnung mit Gott geht mir blitzartig auf, wer ich hätte werden können und wer ich in Wirklichkeit geworden bin. So wird die unverhüllte Gottesbegegnung gleichzeitig zur unverhüllten Selbstbegegnung: Das Gericht wird zum Selbstgericht. Freilich: „Das Licht, das uns die Augen über uns selbst aufgehen läßt, kommt nicht aus uns selbst"[146], sondern aus der Begegnung mit Gott. Dieses Aug in Aug mit Gott, dem Heiligen, wird so zum schmerzlichen Augenblick der eigenen Wahrheit: Mein Versagen in der Gerechtigkeit, mein Zurückbleiben in der Liebe wird offenbar.

Im Gericht muß jeder die Wahrheit über sein Leben erleiden. Schuld kann dabei nicht einfach zugedeckt und übergangen werden; denn das Christentum ist keine Religion des „lieben Gottes", sondern eine Religion des wahren Lebens. Das naiv-gutmütige Übersehen der Schuld, wie wir es uns im Horizont der „billigen Gnade" und des „lieben Gottes" so gern erträumen, wäre letztlich ein Nicht-ernst-Nehmen des Menschen. Gott aber bringt immer, auch im Gericht, der menschlichen Freiheit und Verantwortung unbedingte Achtung entgegen. Dieses Ernstnehmen des Menschen schließt Konfrontation und Erbarmen ein. Schuld muß aufgearbeitet werden, dann kann sie auch Vergebung finden. Diese schmerzhafte Aufarbeitung – ein Erleiden der Wahrheit und ein Reifen in ihr – geschieht im Fegfeuer und Gericht.

Weil Gott, der das Heil aller will, Liebe ist und sonst nichts, dürfen wir das soeben Gesagte wie folgt präzisie-

146 K. Lehmann: Was bleibt vom Fegfeuer? In: Internationale katholische Zeitschrift „Communio" 9 (1980) 239.

ren: Gericht ist jener „Augenblick" im Tod, in dem wir mit unausweichlicher Klarheit erkennen, daß wir zuwenig lieben, zuwenig geliebt haben und deshalb verloren sind – und trotzdem und gleichzeitig auf die verratene Macht der Liebe (Gottes) angewiesen bleiben, weil wir nur in der Liebe die Erfüllung unserer Sehnsüchte finden können. In diesem dramatischen Aug in Aug – zwischen menschlichem Liebesdefizit und menschlicher Liebessehnsucht einerseits und göttlichem Liebeswillen und göttlicher Liebesmacht andererseits – wird sich der Mensch (so hoffe ich) beschämt und deshalb unter Schmerzen in die Arme der Liebe (Gottes) werfen. So geschieht im Gericht Läuterung und Heilung (= Fegfeuer) zugleich. Das Gericht, schreibt Romano Guardini, „ist das letzte Werk der Liebe – Vollendung der Liebe"[147].

Das wird nur dann richtig verstanden, wenn wir ein Zweifaches mitbedenken:

Erstens ist Liebe mehr als jenes Gefühl, das unsere Schnulzen zu besingen nicht müde werden; mehr auch als passive Gutmütigkeit, die letztlich kein Interesse an der Wahrheit des Geliebten hat; mehr auch als moralische Leistung, die immer wieder Gefahr läuft, die Liebe als Mittel zum Zweck zu degradieren („Du sollst den anderen lieben, damit du in den Himmel kommst!"), statt sie um ihrer selbst willen zu wagen. Liebe ist das Anspruchsvollste, das wir kennen, weil sie in ihrem Schoß gleichzeitig Recht und Wahrheit, Güte und Lust vereint und folglich den Geliebten (letztlich!) nur durch Wahrheit und Recht hindurch „sein läßt" – ihn dann aber auch

---

147 R. Guardini: Theologische Briefe an einen Freund. Einsichten an der Grenze des Lebens, hrsg. aus dem Nachlaß, München 1976, S. 29, 31.

zum Blühen bringt! Angesichts dieser Liebe – Gott genannt – einsehen zu müssen, daß wir uns zuwenig haben
lieben lassen, selbst zuwenig geliebt haben, ja die Liebe
oft verraten haben, ist wohl schmerzlicher, als es eine äußere Strafe sein könnte. „Die Trauer der Liebe ist schwerer zu ertragen als der Zorn eines überhöhten Vaters",
schreibt der französische Philosoph Paul Ricœur[148]. Diesen liebenden Blick Gottes (Gericht und Fegfeuer zugleich) hat der Theologe F. J. Nocke einmal mit folgen-
dem Bild festzuhalten versucht: „Er wird mich verwandeln, mich ‚auftauen' und von meinen Verkrampfungen
befreien. Wie aber die Zimmerwärme in den draußen in
der Kälte starr gewordenen Fingern zunächst Schmerz
hervorruft, bevor die Glieder selbst ganz von wohltuen-
der Wärme durchströmt sind, so wird der verwandelnde
Blick Christi mich schmerzen (um so mehr, je mehr
‚Kälte' in mir ist) und mir doch schließlich wohltun".[149]
Weil Bilder hilfreicher sind als viele Worte, sei noch ein
zweites Bild angeführt, das von G. Greshake stammt:
Wir sollen „in der Zeit unseres Lebens ein ‚Gefäß' werden, damit Gott es mit seinem Leben, seiner Liebe, mit
sich selbst ‚füllen' kann ... Wenn [nun] das Gefäß, das
ich sein sollte, zu eng und zu wenig geöffnet ist, dann
verschafft Gott sich *mit seiner Liebe* Eingang in mir. Es ist
ein schmerzhafter Eingang: Seine Liebe brennt mich aus,
seine Liebe reißt meine Vorbehalte, Hindernisse, Verkrustungen weg ... Das Fegefeuer gibt uns die Hoffnung, daß da, wo unser irdisches Leben so halbherzig, so
unvollkommen, ja möglicherweise sogar so verfehlt
war, Gott dennoch den vielleicht ganz geringen Ertrag
unserer irdischen Existenz aufgreift, um uns zu einem

148 P. Ricœur: Hermeneutik und Psychonanalyse. Der Konflikt der
Interpretationen II, München 1974, S. 236.
149 F. J. Nocke: Eschatologie, Düsseldorf 1982, S. 133

Gefäß umzugestalten, das er mit seinem Leben erfüllen kann."[150]

Zweitens gilt es zu bedenken, daß dieser verwandelnde „Augenblick" sich irdischen Zeitmaßen entzieht. Sicher: Wir können uns diesen vorübergehenden „Augenblick" nur „zeithaft" denken, aber es wäre verfehlt und ginge an der Sache vorbei, wollten wir diesen „Augenblick" als lang oder kurz taxieren, ihn gar mit Uhr und Kalender messen. „Sein ,Zeitmaß' liegt in der Tiefe der Abgründe dieser Existenz, die ausgeschritten, umgebrannt werden."[151] Das Maß dieser „Existenzzeit" heißt *Intensität*.

Das Gericht, verstanden als endgültige Begegnung mit jenem Gott, den wir als Liebe glauben, ist ein tröstlicher Gedanke. Alle Menschen, die während ihres Lebens nie Liebe erfahren haben, sondern von Kindesbeinen an getreten worden sind (und deshalb als Erwachsene auch zurückgetreten haben), erhalten so im Gericht vielleicht zum ersten Mal die Chance, der Liebe zu begegnen, und ich kann mir nur schwer vorstellen, daß sie diese Chance ausschlagen werden.

Nach neutestamentlichem Verständnis ist der Richter nicht nur Gott[152], sondern auch Jesus Christus: „Auch richtet der Vater niemand, sondern er hat das Gericht ganz dem Sohn übertragen" (Joh 5, 22). Damit erhalten die bisherigen Überlegungen eine weitere Präzisierung: Der Gott, der uns im Gericht gegenübersteht, ist jener Gott, der unsere Erdenschwere aus eigener Erfahrung kennt. „Wir haben ja nicht einen Hohenpriester, der

---

150 G. Greshake: Himmel – Hölle – Fegfeuer. In: Ungewisses Jenseits ... (s. Anm. 67), S. 93 f.
151 J. Ratzinger: Eschatologie (s. Anm. 70), S. 188.
152 Vgl. 1 Kor 5, 13; 2 Thess 1, 3; Röm 2, 3; 3, 6; 14, 10.

nicht mitfühlen könnte mit unserer Schwäche, sondern einen, der in allem wie wir in Versuchung geführt worden ist, aber nicht gesündigt hat" (Hebr 4, 15). Das richtende Wort kommt deshalb nicht überfallartig „von oben", von einer Instanz, die vom Schmerz und der Schwäche der Welt unberührt ist, sondern von jenem Jesus, der mit uns solidarisch geworden ist bis zum Tod. Weil der Richter kein anderer ist als jener Menschensohn, der aufgebrochen ist, uns zu retten, wird das Gericht nicht Vergeltung, sondern Heimholung sein[153]. Der liebende Blick Jesu wird jeden auch noch so kleinen und unscheinbaren Anfang unserer Liebe und Gerechtigkeit aufzuspüren und zur vollen Reife zu bringen wissen. In dieser Perspektive lassen sich wohl auch jene Worte des Apostels Paulus lesen, die die Kirchenväter schon früh als Beleg für ein „reinigendes Feuer" im Jenseits verstanden haben. Paulus sagt im Brief an die Korinther, daß auf dem gelegten Grund – auf Jesus Christus – die einen mit Gold oder Silber oder Edelsteinen weiterbauen, andere mit Holz, Heu oder Stroh. Was aber einer gebaut hat, wird der Tag des Herrn ans Licht bringen, „weil es im Feuer offenbart wird. Das Feuer wird prüfen, was das Werk eines jeden taugt. Hält das stand, was er aufgebaut hat, so empfängt er Lohn. Brennt es nieder, dann muß er den Verlust tragen. Er selbst aber wird gerettet werden, doch so wie durch Feuer hindurch" (1 Kor 3, 10–15). Jesus Christus, der Retter und Heiland, wird das Feuer sein. Seine Liebe wird unser verschlossenes Herz zu öffnen verstehen, so daß wir gerettet werden „wie durch Feuer hindurch".

Jeder Mensch – so haben wir bisher gesagt – wird am

---

153 Vgl. J. Moltmann: Der Weg Jesu Christi. Christologie in messianischen Dimensionen, München 1989, S. 361–363.

Tage des Gerichts sein Leben zu verantworten haben; er wird die Wahrheit über sein Leben erleiden müssen. Darf man die Perspektive auch umkehren und sagen: Am Tage des Gerichtes wird auch der Mensch Fragen stellen dürfen? Wird sich auch Gott der Wahrheit dessen stellen, was aus der von ihm gewollten und geschaffenen Welt geworden ist? Vor nicht zu langer Zeit hat mir ein junger Christ, dem das Leben – ohne eigenes Verschulden – übel mitgespielt hat, gesagt: „Vor Gottes Gericht fürchte ich mich nicht, denn auch ich habe Gott einiges zu fragen!" Ein vorwitziger, gar gotteslästerlicher Gedanke? Keineswegs! In einem Brief von Romano Guardini an einen jungen Freund lesen wir: „Im Gericht befragt Gott den Menschen: Er beurteilt ihn nicht als passives Objekt seiner Allwissenheit ... vielmehr in einem fruchtbaren und herrlichen Einvernehmen ... Es ist [aber] nicht nur so, daß Gott fragt und der Mensch aus der Unausweichlichkeit seiner Endlichkeit heraus antwortet, sondern: Der Mensch darf selbst fragen. Ja, Gott fordert ihn auf zu fragen."[154]

Der Mensch darf im Gericht, weil Gott den Menschen als *Person* will und achtet, auch sein (auf Erden) unbeantwortetes WARUM einbringen, sein ganz persönliches Warum und auch jenes Warum, das Gottes große Welt betrifft. Zur Welt Gottes gehören nämlich nicht nur die unzähligen Opfer von Erdbeben- und Flutkatastrophen, sondern auch die „unabsehbare Zahl derer, die von Natur aus zu kurz gekommen sind, nie die Chance hatten, ein volles Menschenleben zu erreichen, die leiblich und geistig Verkrüppelten, die früh verstorbenen Kinder, die von Menschen zuschanden Gemachten und um ihr Leben Betrogenen, die Infantilen, die Dummen,

---

154 R. Guardini: Theologische Briefe ... (s. Anm. 147), S. 30.

die nie Erwachten"[155]. Das ist ein Defizit, das nicht wir Menschen zu verantworten haben und das trotzdem auch zum Himmel schreit.

Weil Gott einen wirklichen Bund mit uns eingegangen ist, weil er aus uns seine Freunde machen will, die – im Unterschied zu den Knechten – wissen dürfen, was der Freund wollte und will (vgl. Joh 15, 15 f.), brauchen wir am Tage des Gerichtes nichts von all dem zu unterdrücken, was uns an Fragen, Klagen und Sehnsüchten hier und jetzt bewegt . . . ohne Antwort zu finden; denn vorläufig ist Gott sehr diskret, weil er unseren Glauben will und unsere Freiheit respektiert. Gott wird am Tage des Gerichtes nicht nur die fragenden Schreie des Ijob und der Propheten, sondern auch unsere klagenden Fragen beantworten. Und er wird dies dann nicht nur theoretisch tun, sondern sowohl den beleidigten und gezeichneten einzelnen als auch die verfolgten Nationalitäten (Nationen, Gruppen) und die armen Völker in ihr Recht einsetzen: „Er wird wieder aufrichten, was darniederliegt; er wird aufhelfen den Gescheiterten, und die Weinenden werden zu lachen haben, und die Trauernden werden jubeln. Jene aber, die andere weinen machen und die sich so verhalten, daß anderen zum Heulen ist, werden beschämt sein."[156]

„Richtet nicht, damit ihr nicht gerichtet werdet" (Mt 7, 1). Dieser Satz Jesu muß uns auf unserem Weg durchs Leben begleiten. Und in unserem Versagen mag uns der Satz des Johannes trösten: „Wenn auch das Herz uns verurteilt – Gott ist größer als unser Herz" (1 Joh 3, 20).

155 G. Bachl: Die Zukunft nach dem Tod (s. Anm. 109), S. 87 f.
156 G. Fuchs und J. Werbick: Scheitern und glauben (s. Anm. 43), S. 55.

3.2 Und die Hölle

Die Hölle ist für viele Christen und Christinnen heute kein Thema mehr. Besonders junge Christen können mit der Rede von der Hölle nichts anfangen: Die Hölle beschäftigt sie nicht und ängstigt sie auch nicht. Anders ist es gelegentlich bei älteren Christen, die noch die furchterregenden und sprachgewaltigen Höllenpredigten der Volksmissionare früherer Zeiten im Ohr haben. Auch wenn ihnen inzwischen viele Zweifel an der Wahrheit dieser Höllenpredigten gekommen sind, lebt die Hölle in ihrem Unbewußten weiter und macht ihnen gelegentlich Angst. In drei Schritten wollen wir uns diesem dunklen Thema zu nähern suchen.

„So gewiß es einen heiligen und gerechten Gott gibt, so gewiß gibt es auch eine Hölle", heißt es in einem Katechismus für Konvertiten aus dem Jahre 1957[157]. Ist Gott ohne die Hölle nicht zu denken? Daß die Menschen, die ständig Höllen inszeniert haben und weiter inszenieren, ohne Höllen nicht zu denken sind, ist (leider) ein Faktum der Geschichte. Aber ist Gott ein Mensch? Weil Gott Freude hat an Liebenden und an Menschen, die sich auf Recht und Gerechtigkeit einlassen, dürfen wir von Gott die Vollendung der Liebe und Gerechtigkeit erwarten: Wir dürfen auf den neuen Himmel und die neue Erde hoffen. Hat Gott aber auch Freude an der Rache und Vergeltung und damit an der Hölle? Sicher ist: Christen hatten im Laufe der Jahrhunderte immer wieder Freude an der Rache und Vergeltung, und sie haben sich in Theorie und Praxis des öfteren von der Faszination des Schreckens übermannen lassen.

157 A. van Acken, Konvertiten-Katechismus, Paderborn 1957, S. 346.

3.2.1 Die Faszination des Schreckens[158]

Das Schreckliche ängstigt uns nicht nur, sondern es fasziniert uns auch. Friedrich Nietzsche formuliert pointiert: „Der Mensch ist das grausamste Tier. Bei Trauerspielen, Stierkämpfen und Kreuzigungen ist es ihm bisher am wohlsten geworden auf Erden; und als er sich die Hölle erfand, siehe, da war das sein Himmel auf Erden."[159]

Die unausrottbare menschliche Sehnsucht nach letzter Gerechtigkeit, der tiefe menschliche Wunsch, „der Mörder möge nicht ewig über sein unschuldiges Opfer triumphieren" (Horkheimer), haben sich in der überkommenen Höllentheologie mit einer Reihe anderer Bedürfnisse und Erwartungen vermischt: Die Höllenvisionen der Tradition verraten uns viel über das menschliche Herz und das menschliche Unbewußte – sie sagen uns letztlich aber wenig über das Geheimnis des christlichen Gottes. Die bewußten und unbewußten Motive, die sich hinter der Faszination der Hölle, diesem Schrecken der Schrecken verbergen, sind nicht leicht auf einen Nenner zu bringen. Weniges nur sei erwähnt:

Da wären zunächst die primitiven Rachegelüste, die sich in die Sehnsucht nach „letzter Gerechtigkeit" eingeschlichen haben. Die Höllenvisionen verschafften dem ach so menschlichen Wunsch nach Rache und Vergeltung tiefe Befriedigung. Die Freude an der künftigen Heimzahlung, die den Feinden in der Hölle blühen wird, konnte schon im voraus genossen werden. Bereits einigen biblischen Schriftstellen sind mitleidlose „freudige" Rachetöne nicht fremd: „O Gott, zerbrich ihnen

---

158 Vgl. G. Bachl: Faszination des Schreckens. Die Hölle im christlichen System. In: Kunst und Kirche 4 (1983) 187–191; ders.: Über den Tod und das Leben danach (s. Anm. 116), S. 182–194.
159 F. Nietzsche: Also sprach Zarathustra (s. Anm. 47), S. 464.

die Zähne im Mund ... Wenn der Gerechte die Vergeltung sieht, freut er sich und badet seine Füße im Blut des Frevlers", heißt es im Psalm 58, 7a und 11[160]. Solche Texte mußten in der Folgezeit rachelustigen und mitleidlosen Theologen als Belege dienen, um nachzuweisen, daß die Seligen im Himmel den Anblick der Qualen der Verdammten ohne schlechtes Gewissen „genießen" dürfen.

Diese über Jahrhunderte dauernde theologische Diskussion über die „heiligen Freuden" der Seligen an den Qualen der Verdammten bleibt – wie Hans Urs von Balthasar zu Recht bemerkt – ein „peinliches und schändliches" Kapitel der Theologiegeschichte.[161] Darin hat sich besonders Tertullian (ca. 160 – ca. 220), Jurist aus Karthago (und in mancher Hinsicht richtungweisender Kirchenvater der westlichen Kirche) hervorgetan: Er wollte bekanntlich lachen, wenn er einst seine Feinde vom Himmel aus wird „braten" sehen. Beim Anblick dieses „Schauspiels" göttlicher Vergeltung wird Tertullian sich nach eigenen Worten ergötzen[162]. Auch Augustinus (354–430) macht sich – durchaus aus pastoralen Gründen – lustig über die „weichherzigen und mitleidigen christlichen Seelen" aus den eigenen Reihen, die nicht glauben wollen, daß ein barmherziger Gott irgend jemand *ewig* verdammen würde[163]. So kann dann Gregor der Große (540–604) ohne jedes Mitleid dozieren: Gott,

160 Vgl. ferner Jes 66, 24; Offb 6, 10.
161 H. U. von Balthasar: Kleiner Diskurs über die Hölle, Ostfildern 1987, S. 36.
162 Vgl. Tertullian: Über die Schauspiele. Bibliothek der Kirchenväter, Bd. 7, S. 135 f.
163 Vgl. Aurelius Augustinus: Der Gottesstaat, Buch 21, Abschnitt 17. Bibliothek der Kirchenväter, Bd. 28, S. 393 f.; vgl. ders.: Handbüchlein 29, 111–113. In: Texte der Kirchenväter, Bd. 4, hrsg. v. A. Heilmann, München 1964, S. 563 f.

der Allmächtige, sättigt sich nicht an den Qualen der Verdammten, denn Gott ist gut. Weil er aber auch gerecht ist, kann er in Ewigkeit nicht aufhören, an den Sündern Rache zu nehmen. Die Verdammten werden deshalb in erster Linie wegen ihrer Sünden gequält; ihre ewigen Qualen haben aber noch einen zusätzlichen Sinn: Der Anblick der Qualen der Verdammten vermag die Freude und Dankbarkeit der Seligen zu vergrößern[164].

Diese peinliche Diskussion geht im Mittelalter weiter. Im „Sentenzenbuch", *dem* klassischen theologischen Handbuch des Mittelalters[165], stellt sich sein Verfasser Petrus Lombardus († 1160) die Frage: Beeinträchtigt oder fördert der Anblick der Strafen der Verdammten das Glück der Seligen? Seine Antwort: Der Himmel kennt kein Mitleid, das die Freude der Seligen trüben könnte. Obschon den Seligen ihre Freuden genügen, erhöht der Anblick der Qualen der Verdammten ihr Glück[166]. Dem nüchternen Thomas v. Aquin († 1274) muß bei dieser allzu voyeuristischen Rachelust nicht ganz wohl gewesen sein, denn er macht in seinem Kommentar zum „Sentenzenbuch" des Lombarden eine wichtige Unterscheidung, die die Theologen fürderhin von dem Odium der Schadenfreude befreit, ihnen aber trotzdem die Freude am Leiden der Verdammten beläßt. Thomas schreibt: An und für sich freuen sich die Seligen nicht an den Qualen der Verdammten, wohl aber beiläufig oder nebenbei. Die Seligen freuen sich nämlich über die göttliche Gerechtigkeit (und ihre eigene Befreiung),

164 Vgl. Gregor der Große: Dialoge 4, 46, PL 77, Sp. 404.
165 Das „Sentenzenbuch" blieb bis ins 16. Jahrhundert *das* Handbuch für Theologiestudenten. Jeder Professor, der etwas auf sich hielt, verfaßte einen Kommentar zum „Sentenzenbuch".
166 Petrus Lombardus: Sententiae in IV libris distinctae. Liber IV, dist. 50, cap. 5 bis 7.

zu der nun einmal die Bestrafung der Gottlosen gehört[167].

Nietzsches seitenlange Sarkasmen über diese „christliche Freude" sind bekannt und lassen sich in diesem einen Satz zusammenfassen: Wer will es denn den Schwachen (Christen), die immer so lieb und demütig sein müssen, übelnehmen, daß sie eines Tages in *ihrem* Reich auch die Starken spielen dürfen und endlich ihrem lebenslang aufgestauten und verdrängten Haß freien Lauf lassen wollen.[168]

Es kann nicht bestritten werden: im „Höllenglauben" ging und geht es nicht nur um Liebe zur Gerechtigkeit – viel Menschliches, allzu Menschliches hat sich da mit eingeschlichen. Neben den bereits genannten Rachegelüsten wäre auch das Ressentiment jener Frommen zu erwähnen, die die Hölle brauchen, um mit dem Neid fertig zu werden, den ihnen die sündigen Erdenfreuden der Unfrommen bereiten[169]. Wie anders wäre zu erklären, daß gerade die größten Asketen und Tugendbolde sich die grausamsten Höllenstrafen ausgedacht haben?

Noch ein anderer Aspekt des von Augustinus inspirierten christlich-abendländischen Höllenbewußtseins muß beachtet werden. Wenn Gott selbst am Ende der Zeiten eine ewige Marterhölle inszeniert, wenn er selbst die Menschheit dann definitiv in zwei unüberbrückbare Lager teilt – die Mehrheit in der Hölle, um seine Gerechtigkeit zu offenbaren, die Minderheit in den Himmel, um seine Barmherzigkeit zu zeigen –, wenn also

---

167 Thomas v. Aquin: IV Sent., dist. 50, q. 2, a. 4 (= Supplementum q. 94, a. 3).
168 Vgl. F. Nietzsche: Zur Genealogie der Moral. WW II, (s. Anm. 47), S. 791–794.
169 Vgl. auch J. Imbach: Himmelsglaube und Höllenangst (s. Anm. 106), S. 30.

der *letzte* Sinn der Wirklichkeit in der Trennung und nicht in der Solidarität zu finden ist, dann wirft ein so verstandenes Wirklichkeitsverständnis seine Schatten ins Hier und Heute voraus; denn der Mensch soll Nachahmer Gottes sein. Wen wundert's daher, daß das christliche Abendland bereits auf Erden immer wieder „Höllenfeuer" angezündet hat: von den Scheiterhaufen der Inquisition bis zu den Krematorien von Auschwitz und Buchenwald. Und welche teuflischen Scheußlichkeiten wurden nicht erfunden, um andere Menschen vor Hölle und Teufel zu retten?[170] Das vermeintlich sichere Wissen um die ewige jenseitige Marterhölle hat Christen immer wieder in Versuchung gebracht, schon hier und jetzt die jenseitige Vergeltung vorauszupraktizieren. Hexen und Juden, Ketzer und Ungläubige mußten es immer wieder erbarmungslos erfahren.

Hat zudem die klassisch gewordene augustinische Höllenvision nicht den Mut zur schwierigen Konfliktlösung geradezu blockiert? Wenn das Ende sowieso definitive Trennung bringt, warum sich dann heute um Kommunikation über alle vorhandenen Schranken hinweg besonders bemühen? „Warum optieren Christen so gerne für strafende Ordnung? Warum resignieren sie so bald vor der Aufgabe, Rechtsbrecher zu rehabilitieren? Warum verfallen sie so leicht den Kriterien des Feind-Denkens? Es ist wohl das Wissen um eine schön verhängte Teilung der Menschen, die dabei im Spiel ist."[171]

Zweifelsohne redet Jesus von der Hölle. Jesus hat die Hölle nicht erfunden (Höllenvorstellungen gehörten damals wie selbstverständlich zum religiösen Weltbild), wohl aber greift Jesus alttestamentliche Höllenbil-

170   Vgl. Th. und G. Sartory: Nach dem Tod – die Hölle? (dtv 980), München 1974, S. 87–92.
171   G. Bachl: Faszination des Schreckens (s. Anm. 158), S. 191.

132

der auf und setzt sie als sprichwörtliche Redewendungen ein, nicht um seinen Hörern und Hörerinnen Informationen über das Jenseits zu geben, sondern um sie auf den Ernst der Entscheidung hier und jetzt aufmerksam zu machen[172] „Fürchtet euch nicht vor denen, die den Leib töten, die Seele aber nicht töten können, sondern fürchtet euch vor dem, der Seele und Leib ins Verderben der Hölle stürzen kann" (Mt 10, 28)[173]. Dieser diskrete Hinweis auf die Hölle, um die Gewissen aufzurütteln, wurde im Laufe der christlichen Jahrhunderte massiv ausgebaut, ja geradezu zum System erhoben, weil man meinte, ohne Höllenterror die christlichen Moralvorstellungen nicht durchsetzen zu können. Der Terror wurde damit integraler Bestandteil der christlichen Predigt und das Sterbebett zusätzlich zum Marterbett[174]. Die Erpressung mit dem Entsetzen machte in der europäi-

172 Vgl. H. Vorgrimler: Eschatologie/Gericht. In: Neues Handbuch theologischer Grundbegriffe, hrsg. v. P. Eicher, Bd. I, München 1984, S. 271. Oder mit Ratzinger: Es „darf gesagt werden, daß das Dogma von der Hölle primär dem Menschen nicht informativ etwas *vom* Jenseits, sondern kerygmatisch etwas *für* sein jetziges Leben, ihn jetzt und hier Betreffendes sagt, das ihm Wegweisung für sein Dasein vor Gott, nicht aber Wesenserkenntnisse über bisher unbekannte Gegenstände bieten will" (J. Ratzinger: Art. „Hölle". in: LThK, Bd. 5, Sp. 448).
173 Vgl. auch Mt 5, 29; Mk 9, 43.
174 „Vergessen wir nie, wie erst das Christentum es war, das aus dem *Sterbebett* ein Marterbett gemacht hat, und daß mit den Szenen, welche auf ihm seither gesehen wurden, mit den entsetzlichen Tönen, welche hier zum ersten Male möglich erschienen, die Sinne und das Blut zahlloser Zeugen für ihr Leben und das ihrer Nachkommen vergiftet worden sind!" (F. Nietzsche: Morgenröte. WW I, hrsg. v. K. Schlechta, S. 1064). Sicher: dem leidenschaftlichen Kirchen- und Christentumkritiker Nietzsche fehlt die Objektivität. Wer aber – gerade aus der älteren Generation – wollte leugnen, daß Nietzsche hier den Finger auf eine Wunde legt?

schen Moderne für Außenstehende die christliche Frohbotschaft unglaubwürdig und raubte zahllosen Christen
und Christinnen die Freude am Evangelium. Als Beispiel
sei kein Höllentext aus dem Barock gewählt (etwa vom
Volksschriftsteller und Kapuziner Martin von Cochem
† 1712), sondern einige Zeilen aus einem theologischen
(!) Höllentext des 20. Jahrhunderts zitiert. Der Autor,
Thomas Molina, schreibt in seinem 1929 erschienenen,
570 Seiten dicken Buch „Das Leiden im Weltplan" zur
Hölle (mit kirchlicher Druckerlaubnis!) u. a. dies: „Wie
der Himmel ein aus Wundern zusammengesetzter Lohn
ist, so ist die Hölle eine aus Wundern zusammengesetzte
Strafe ... Denn die Durchdringung der Leiber mit dem
höllischen Feuer, ihre Erhaltung trotz des höllischen
Feuers, ihre stets sich gleichbleibende Qual ohne Ohnmacht und ohne Abstumpfung gegen den Schmerz sind
lauter Wunder.

Nach den Andeutungen der Heiligen Schrift ist es
kaum zu bezweifeln, daß die Hölle im Inneren der Erde
ist. Dann aber liegt es nahe, zu vermuten, daß das feuer-
flüssige Innere der Erde selber die Hölle bildet. Ahnen
wir, was das sagen will? Nun, das will sagen, daß eine
Masse von solcher Glut und Schärfe, daß alle festen
Stoffe, die wir kennen, feuerflüssig sind, die Hölle bilden. Ein menschlicher Leib, einer solchen Glut auf tausend Meter nahe gebracht, würde natürlicherweise im
Nu zu Staub und Gas verbrennen. Und doch dieser Glut
nicht nahe gebracht, sondern in diese Glut wie eingebet-
tet lägen die Verdammten. Brennten, daß sie in jeder Se-
kunde zu Staub und Gas verbrennen sollten, und verbrennten nicht. Brennten heute und brennten morgen
und verbrennten nicht ...

Aber eine solche Hölle ist ja nicht mehr menschlich!
Nein, eine solche Hölle ist nicht mehr menschlich, son-

dern ganz göttlich groß. Aber kein Mensch wird ja so einen anderen Menschen, kein Wüterich so ein wildes Tier bestrafen, das alle seine Kinder zerrissen hat. Richtig! Aber glaubt man, Gott, wenn er zürnt, sei wie ein erzürntes Menschlein? Der Gott, der allen Menschen, Milliarden von Menschen, die Kraft zu zürnen anerschaffen hat, glaubt man, der könne selbst nicht zürnen und hassen? Der Haß des Haßerfülltesten von allen, Satans in der Hölle, ist auch buchstäblich nicht ein Tröpflein Schwefel verglichen mit dem Schwefelpfuhl des Hasses Gottes gegen jeden Verdammten ... Gott haßt, wie er liebt, unendlich. Und diesem unendlichen Haß entspricht die unendliche Hölle."[175]

Welch eine Verleumdung Gottes! Diesen haßerfüllten Terror-Gott, den Thomas Molina mit seiner sadistischen Phantasie beschwört (und den einige Volksmissionare bis in die 50er Jahre unseres Jahrhunderts weidlich ausgeschlachtet haben), kann ein Christ, der Mensch bleiben will, nur entsetzt von sich weisen – zur größeren Ehre des christlichen Gottes. Mit dieser furchtbaren Verfinsterung des christlichen Gottesbildes, an der in früheren Zeiten viele Christen unsäglich gelitten haben[176], geht Hand in Hand eine Aushöhlung der wahren Sittlichkeit. Mit dieser massiven Höllendrohung verfolgt Thomas Molina nämlich ein Ziel: die Menschen von der Sünde abzuhalten[177]. Was aber ist von einer Moral zu halten, die sich so massiv an äußeren Sanktionen orientiert, statt an der Sache selbst? Wer etwas nur aus Angst vor Strafe unterläßt, lebt in menschenunwürdiger Un-

---

175 Th. Molina: Das Leiden im Weltplan. Lösung tiefster Menschheitsfragen, Innsbruck 1929, ²1931, S. 202–210 (gedruckt mit kirchlicher Erlaubnis).
176 Vgl. H. U. von Balthasar: Eschatologie (s. Anm. 52), S. 412.
177 Vgl. Th. Molina: Das Leiden ... (s. Anm. 175), S. 213.

mündigkeit und ist meilenweit von dem entfernt, was wir im Neuen Testament lesen: „Furcht gibt es in der Liebe nicht; sondern die vollkommene Liebe vertreibt die Furcht. Denn die Furcht rechnet mit Strafe, und wer sich fürchtet, dessen Liebe ist nicht vollkommen" (1 Joh 4, 18).

Wie kann denn heute theologisch verantwortlich von der Hölle geredet werden? Natürlich hat Kardinal Ratzinger zunächst recht, wenn er schreibt: „Alles Deuteln nützt nichts: Der Gedanke ewiger Verdammnis, der sich im Judentum der beiden letzten vorchristlichen Jahrhunderte zusehends ausgebildet hatte . . ., hat seinen festen Platz sowohl in der Lehre Jesu (. . .), wie in den Schriften der Apostel (. . .). Insofern steht das Dogma auf festem Grund, wenn es von der Existenz der Hölle (. . .) und von der Ewigkeit ihrer Strafen spricht."[178] Andererseits kann man heute – aus den genannten Gründen – bei vielen Christen und Christinnen an der Basis geradezu eine Allergie gegen die Lehre von den ewigen Strafen feststellen. Erstaunlicher noch: In der katholischen Kirche sind selbst die Verantwortlichen vorsichtiger geworden; es scheint fast, als ob sie in der Frage der Hölle ihre früheren Sicherheiten verloren hätten[179].

Selbstverständlich kann es sich nicht darum handeln, die biblische Wahrheit dem jeweiligen Zeitgeist anzupassen; wohl aber gilt es, die „Hierarchie der Wahrheiten" im Blick zu behalten und von der Hölle so zu reden, daß dadurch der Gott Jesu Christi nicht verleumdet wird. Ein so vorsichtiger und hochangesehener Theologe wie

178 J. Ratzinger: Eschatologie (s. Anm. 70), S. 176 (mit zahlreichen Bibelstellen).
179 Vgl. die vorsichtigen Formulierungen im „Schreiben der Kongregation für die Glaubenslehre zu einigen Fragen der Eschatologie vom 17. Mai 1979" (Denzinger ^{37}1991, Nr. 4650–4659)

Hans Urs von Balthasar meint, man dürfe angesichts einer immer komplizierter werdenden Welt, in der die Lebensentscheidung für Gut und Böse zunehmend schwieriger werde, die traditionelle Höllenlehre nicht mehr „ohne Durchgang durch eine kritische Befragung"[180] vortragen. Ein Hinweis, der zu denken gibt. Wie aber soll das geschehen? Die Theologen sind in nicht geringer Verlegenheit. Eine kleine, aber lautstarke Gruppe schürt nach wie vor das Höllenfeuer und geht wie eh und je mit der Angst hausieren. Andere ziehen es vor, sich in dieser Frage ins vornehme Schweigen zurückzuziehen. Und die, die reden, versuchen – wenn ich es richtig sehe –, auf einem zweifachen Weg sich diesem dunklen Thema zu nähern. Verfolgen wir ihre Spuren.

3.2.2 Verschwinden die Bösen im Nichts?

Als ich vor einiger Zeit in einem kleinen Pfarreiblattartikel die Hölle als reale Grenzmöglichkeit zu deuten versucht habe, erhielt ich von einem mir unbekannten, pensionierten Dr. iur. aus Bern einen langen Brief. Darin schrieb mir der passionierte Theologe (er hat in der Jugend mal selbst einen vierjährigen katholischen Glaubenskurs für Laien absolviert) sinngemäß folgendes: Er sei sehr erstaunt, daß ich weiterhin an der Hölle als einer realen Grenzmöglichkeit festhalte, denn:

– Erstens sei es sehr fragwürdig, ob der schwache Mensch, der in vielen unbewußten und auch gesellschaftlich bedingten Zwängen leben müsse, überhaupt fähig sei, Entscheidungen zu treffen, die ewige, negative Folgen nach sich ziehen könnten. Mit zunehmendem Alter und wachsender juristischer Erfahrung sei er im-

---

180   H. U. von Balthasar: Das Endspiel (s. Anm. 145), S. 172.

mer mehr zur Überzeugung gelangt, daß die meisten Verbrechen aus Schwachheit, Dummheit und neurotischer Befangenheit geschähen und keineswegs aus wirklicher Bosheit.

– Zweitens müsse man ganz klar sehen: Falls Gott sein schwaches Geschöpf für endliche Schuld unendlich quälen würde, wäre Gott ein Sadist.

– Drittens sei zuzugeben, daß Jesus zwar wiederholt die in der damaligen Zeit geläufigen und weitverbreiteten Höllenbilder aufgegriffen habe, nicht um uns über die Hölle zu informieren, sondern um die einfachen Leute zur Bekehrung aufzurufen und ihnen den Ernst der Entscheidung hier und jetzt zu verdeutlichen. Was das Los der verstorbenen Verbrecher angehe, wisse doch jeder theologisch Informierte, daß die Bibel an zahlreichen Stellen eine ganz andere Lösung anzubieten habe als eine ewige Marterhölle. Im Tod sterbe nach biblischem Verständnis der ganze Mensch mit „Leib und Seele". Anschließend folge die Auferweckung der Gerechten – ein Wunder der göttlichen Neuschöpfung. Die wahren Verbrecher aber würden nicht auferweckt, sie blieben im Tod, im Nichts! Für ewige Qualen sei kein Platz, auch nicht als wirkliche Grenzmöglichkeit.

Diese Sicht ist so abwegig nicht. Sie scheint vielmehr aus meinem bisherigen Ansatz geradezu logisch zu folgen: Wenn Gott in seinem Reich *vollenden* will, was hier und heute (an Gerechtigkeit und Liebe) angefangen hat, so liegt der Gedanke auf der Hand: Wo nichts angefangen hat, gibt es auch nichts zu vollenden. Wenn die Auferweckung kein neutrales Ereignis ist, sondern – biblisch gesehen – ein *Heils*ereignis, das heißt ein Geschenk des Schöpfers und Neuschöpfers, der unsere hier und heute angefangene Gerechtigkeit und Liebe in seinem Reich vollenden will, dann darf man wohl sagen: Wer die Gerechtigkeit mit Füßen getreten und sich auf die Liebe nicht eingelassen hat, bleibt im Tod, im Nichts[181].

In dieser Richtung suchen denn auch heute einige französische Theologen eine Antwort auf die Frage nach der „Hölle". In erster Linie wäre hier der Lyoner Dominikaner Christian Duquoc, führender Kopf der nachkonziliären französischen Theologie, zu erwähnen[182]. Hören wir Duquoc ein wenig zu, ohne uns in seinen subtilen und bisweilen komplizierten Gedankenketten und Argumentationssträngen zu verheddern oder gar zu verlieren[183].

Jesus verkündet die frohe Botschaft vom Reich Gottes und nicht den Zorn Gottes. Dieses Reich Gottes ist ein Reich der Freiheit und der Liebe, so daß nur Liebende frei ins Reich Gottes gelangen können. Die Drohungen, die Jesu Reich-Gottes-Predigt begleiten, sind

181 Mit dieser Meinung können sich heute zahlreiche Christen anfreunden. In einem Gespräch über die Hölle meinte eine Frau: „Glaube ich heute noch, daß es eine Hölle gibt? Der Gedanke daran ist mir mindestens nicht nicht-nachvollziehbar. Jedenfalls ist mir der Gedanke unerträglich, daß das Opfer einmal mit seinem Henker an einem Tisch sitzen müßte. Ich denke hier an Menschen (kranke ausgeschlossen), die ihre Lust daraus gezogen haben, andere zu Tode zu quälen. Wenn solche Un-Menschen ins ewige Nichts zurückfallen, bin ich es auch zufrieden. Punktum!" (zitiert bei Th. u. G. Sartory: Nach dem Tod ... [s. Anm. 170] S. 129).
182 Vgl. Chr. Duquoc: Messianisme de Jésus et discrétion de Dieu, Genf 1984, S. 228–246. Ähnlich wie Duquoc – wenn auch mehr im Vorübergehen – der Pariser Dominikaner Jean-Pierre Jossua. Neuestens hat auch Edward Schillebeeckx die Position von Duquoc voll übernommen (E. Schillebeeckx: Menschen. Die Geschichte von Gott, Freiburg i. Br. 1990, S. 177–182). Vgl. auch Th. und G. Sartory: Nach dem Tod ... (s. Anm. 170), S. 205 f.
183 Für eine technischere Diskussion der Position von Chr. Duquoc, vgl. J. B. Brantschen: Die Macht der freien Gewinnung. Eine Fußnote zur Hölle. In: Gottesgeschichten. Beiträge zu einer systematischen Theologie. Für G. Bachl, hrgs. v. W. Achleitner und U. Winkler, Freiburg i. Br. 1992, S. 192–211.

therapeutischer Art. Sie unterstreichen den Ernst der Entscheidung, vor die Jesus in Wort und Tat seine Zuhörer und Zuhörerinnen stellt. Die Drohungen Jesu sind *nicht* integraler Bestandteil der Frohbotschaft, denn das Reich Gottes duldet weder Gewalt noch Zwang. So hat denn Jesus auch nicht die *Macht Gottes* zu Hilfe gerufen, um den Erfolg des Reiches zu sichern (vgl. Mt 26, 53), sondern sterbend hat Jesus seinen Peinigern verziehen, weil Jesus weiß, daß keine Gewalt die Gewalt zu erlösen vermag. „Wer zum Schwert greift, wird durch das Schwert umkommen" (Mt 26, 52). Keine Gewalt, auch keine göttliche Gewalt – vermag die Logik des Hasses zu überwinden. Im Gegenteil: Gewalt rechtfertigt den Haß. Nur ein gegenteiliger Akt kann hoffen, den Teufelskreis der Gewalt und Gegengewalt zu durchbrechen: das Verzeihen desjenigen, der verfolgt wurde. Nur durch das Verzeihen bricht etwas wirklich Neues in unsere alte Welt des Hasses ein. Gott nun hat durch Jesu Auferweckung Jesu Verzeihen ratifiziert und zu seinem *eigenen* Verzeihen gemacht.

An dieser Stelle gilt es, einen kleinen Umweg zu machen, um die Tragweite von Duquocs „Höllen-Hypothese" besser zu verstehen. Es wäre – nach Duquoc – allerdings ein Irrtum, aus Jesu Verzeihen einen exemplarischen Fall zu machen, der alle sozialen Beziehungen regelt und alle Kämpfe für Gerechtigkeit und Befreiung in dieser Welt blockiert in der Erwartung der Bekehrung der Ausbeuter. Das Verzeihen Jesu ist weder ein Freibrief für die Unterdrücker, weiter zu unterdrücken, noch ein naiver Aufruf an die Unterdrückten, sich mit ihrem Los abzufinden. Es gilt nämlich, zu unterscheiden zwischen Jesus dem Propheten der Endzeit, und dem „normalen" Alltag der Christen und Christinnen. Die Christen kämpfen und arbeiten im *Vorletzten*: Sie müssen hier und jetzt unter den widersprüchlichsten wirtschaftlichen, sozialen und politischen Bedingungen für eine größere Gerechtigkeit kämpfen. Dieser Kampf hier und heute ist unabdingbar. In den zurückliegenden Jahrhunderten haben Christen diesen Kampf gegen himmelschreiende Ungerechtigkeiten immer wieder ins „Jenseits" verlegt, indem sie sagten: Gott wird einst die schlimmen Ausbeuter ewig bestrafen (und die Armen trösten). Durch diese Verlegung ins „Jenseits" wurde aber der Kampf für eine gerechtere Welt verraten; denn dieser Kampf nährt sich nicht aus dem Geist der Rache und Vergeltung im Jenseits, sondern erfolgt aus Liebe zu den Unterdrückten hier und heute. Allerdings sollen sich die Christen und Christinnen in ihren sozialen und politischen Kämpfen für eine solidarische und gerechtere Welt nicht auf die Macht Gottes berufen, sondern die eigene Vernunft und Phantasie walten lassen. Unsere Welt und unsere Geschichte haben wir in eigene Regie zu übernehmen, weil wir keine Marionetten Gottes sind, sondern freie Söhne und Töchter des freien Gottes.

Während wir Christen uns im *Vorletzten* abmühen müssen, verkündet Jesus, der eschatologische Prophet, in Wort und Tat die *Logik des Letzten*. Diese „Logik des Letzten", das heißt des endgültigen Reiches Gottes aber kennt keine Gewalt, denn das Reich Gottes will *Herzen* gewinnen, nicht Menschen zerbrechen. Herzen aber gewinnt man nicht durch Gewalt.

Die Christen aber – so Duquoc – hatten mit der Gewaltfreiheit des eschatologischen Reiches des Friedens ihre liebe Mühe, weil sie (wie die meisten Menschen) es gewohnt sind, ihre eigenen Konflikte oft mit Gewalt zu lösen. Deshalb haben sich Christen im Laufe der Jahrhunderte eine andere Reich-Gottes-Lehre ausgedacht: In dieser Weltzeit leben wir unter dem Regiment der *Ge-*

duld Gottes. Gott läßt uns Zeit, uns frei für sein Reich zu entscheiden. Am Tage des Gerichts aber geht die Zeit der Geduld Gottes zu Ende. Der zum Gericht kommende Christus wird dann – notfalls mit Gewalt – sein Reich durchsetzen. Der Richter wird alle jene, die nichts vom Reiche Gottes wissen wollen, mit Gewalt zur Vernunft bringen, das heißt sie in die Hölle werfen, wo sie wider Willen mit ewigen Qualen Gott die Ehre geben müssen.

Diese weitverbreitete Theorie – so Duquoc – wirft aber mehr Fragen auf, als sie löst. Ist das wirklich göttliche Logik und nicht viel mehr menschliches Denken? Müßte man dann nicht ehrlich eingestehen, daß Gewalt letztlich wirklicher ist als Liebe, und die vollmundige Rede vom Reich der Liebe und Freiheit besser aufgeben? Vor allem aber: bestünde dann nicht ein *Widerspruch* zwischen dem irdischen Jesus, der sich gerade den Ausgeschlossenen und Hoffnungslosen nahe wußte, und dem in Herrlichkeit kommenden Christus, der einen ewigen qualvollen Ausschluß vornimmt und jede Hoffnung zerstört? Sollte der irdische Jesus, der sich geweigert hat, Gewalt mit Gewalt zu vergelten, beim Gericht plötzlich ein anderer geworden sein? Wäre dann Jesus Christus nicht nachträglich auf die Logik der Welt eingeschwenkt: Liebe ist recht, aber Gewalt (Hölle) ist besser? Zudem: Muß das Recht geehrt werden durch Qualen ohne Ende und ohne Sinn, da ewigen Qualen jeder therapeutische Wert abgeht?

Nun: Alle diese Fragen finden eine Antwort, wenn wir endlich aufhören, Jesus Christus zu zerteilen: *Der auferstandene Christus ist kein anderer als der menschenfreundliche Jesus von Nazareth:* Er verzeiht die Sünde als Christus im Einklang mit dem Verzeihen, das er als verworfener Prophet am Kreuz gewährt hat. Dieser auferstandene Christus hat uns nicht als Waisen zurückgelassen, sondern als Geschenk seiner Auferstehung den Geist gesandt. Dieser Geist ermutigt uns, in unserem notwendigen Kampf für eine größere Gerechtigkeit das *Verzeihen* nicht zu vergessen. Wenn nämlich das Verzeihen nicht integrierender Bestandteil unseres Handelns bleibt, führt jede Revolution nur zur Auswechslung der Machthaber: Aus den Unterdrückten von gestern werden die Unterdrücker von morgen. Dieser Geist lockt uns auch, uns auf die Liebe einzulassen, ein Dasein für andere zu wagen. Wer sich auf dieses Reich der Gerechtigkeit und Liebe hier und heute einläßt, den wird Gott aus dem zweiten Tod erretten. Die zerstörerische Unterdrückung aber ist ohne Hoffnung, nicht wegen einer kommenden äußeren Strafe (Hölle), sondern wegen ihrer eigenen Logik. Wer nämlich andere unterdrückt und verachtet, der bringt nichts hervor, das geeignet wäre, ins kommende Reich der Freiheit und der Liebe hinein vollendet zu werden. Die Unterdrücker verschwinden im Nichts! Gott rächt sich nicht; er verhängt keine ewigen Strafen; er läßt nur die Unterdrücker ihren Weg gehen ... ins Nichts. Das kommende Reich Gottes wird nicht von einem ewigen Reich der Finsternis umgeben sein; ausserhalb des vollendeten Reiches Gottes „ist" nur das Nichts. Der paulinische Satz: „Der Lohn der Sünde ist der Tod" (Röm 6, 23) ist wortwörtlich zu nehmen. Gott, der Neuschöpfer, besiegt den Tod für alle jene, die in dieser Welt das Reich Gottes – wie armselig auch immer – vorauspraktizieren; die zerstörerische Gewalt hingegen, die nichts vom Reiche Gottes vorwegzunehmen vermag, verschwindet aus ihrer eigenen Logik im Nichts, so daß die Seligen davor bewahrt bleiben, sich an den Qualen der Verdammten freuen zu müssen!

Ein Mensch, der im Widerspruch zu den Regeln des Reiches Gottes lebt, kann mit keinem anderen Ende rechnen als mit jenem, das er selbst produziert: dem Nichts! Gott durchbricht diese „Logik des Nichts" nicht, weil er niemanden ins Reich der Freiheit zwingt. Trotzdem ruft Jesus zu Wachsamkeit auf (vgl. Mk 13, 33–37), nicht weil „der Meister hart ist und erntet, wo er nicht gesät hat" (Mt 25, 26) – dieses Gottesbild ist ein Phantasiegebilde des faulen Knechtes –, sondern weil es keinen automatischen Zutritt zum Reiche Gottes gibt. Jesu Warnungen wollen einschärfen, daß Gerechte und Gottlose nicht das gleiche Los erwartet (die einen bleiben im Tod, die anderen werden auferweckt); sie beruhen nicht auf der Meinung, Gott werde am Ende doch noch durch ewige Sanktionen seine Güte in Terror verwandeln.

Damit hat Christian Duquoc auf seine Art die Position unseres Berner Juristen erreicht: Nur die Gerechten (im biblischen Sinn und nicht einfach im banalen bürgerlichen Sinn) werden auferweckt und gelangen ins Reich Gottes; die Unterdrücker verschwinden im Nichts. Nach allem, was uns Jesus in Wort und Tat von seinem und unserem Gott erzählt hat, käme es – wir wiederholen uns – einer Verleumdung Gottes gleich, würden wir uns das ewige Friedensreich von einem ewigen Konzentrationslager umgeben vorstellen – ganz besonders dann, wenn wir mit Augustinus und der ihm folgenden Tradition noch annähmen, daß die Mehrzahl der Menschen in diesem ewigen Konzentrationslager wären ... zur Freude der wenigen Seligen und zur Ehre Gottes.

Duquoc will seine Sicht als fundierte Hypothese keineswegs als sichere These verstanden wissen und meint: Wenn auch die Theologie in der Frage nach der Hölle über Hypothesen nicht hinauskommt, können doch die Gläubigen die hier aufgezeigte Sicht verstärken und ihr so langsam eine Tradition verschaffen, die sie vom unchristlichen Rache- und Vergeltungsinstinkt befreit.

Was ist von dieser Hypothese zu halten? Einer Hypothese, die die Macht des Bösen so ernst nimmt, daß schließlich sogar Gottes Gnade vor dieser Macht kapituliert?

Erstens gelingt es Duquoc, glaubwürdig zu zeigen, daß die *gewaltfreie* Struktur des Reiches Gottes keine vorläufige Strategie ist, sondern bleibend zum *Wesen* des Reiches Gottes gehört; denn der auferstandene, zum Gericht kommende Christus ist kein anderer als der irdische Jesus, der sich geweigert hat, Gewalt mit Gewalt zu beantworten.

Zweitens entschärft Duquoc (ein Stückweit wenigstens) den menschlichen Wunsch nach Rache und Vergeltung im Jenseits dadurch, daß er ein leidenschaftliches Plädoyer hält für den Kampf gegen die Unterdrücker hier und heute. Hier und jetzt sollen wir für Recht und Gerechtigkeit kämpfen, anstatt von Rache und Vergeltung im Jenseits zu träumen.

Drittens vermag Duquocs Hypothese das Bild eines perversen Gottes zu verscheuchen, das am Horizont der überbevölkerten augustinischen Hölle aufscheint. Damit verschwindet die lebenshemmende Angst, und Christen und Christinnen können des Evangeliums wieder froh werden.

Viertens kommt Duquocs Hypothese einer menschlichen Erfahrung entgegen: Der Mensch, der Unrecht erlitten hat, will *vor allem* wieder öffentlich rehabilitiert werden; er will zu seinem Recht kommen, was ja im Gericht (und Reich Gottes) auch geschieht. Die Frage der Bestrafung seiner Feinde bleibt demgegenüber zweitrangig.

Aber: Die Hypothese kann sich nur auf einen ganz dünnen Strang innerhalb der jüdisch-christlichen Tradition berufen; in der „orthodoxen" katholischen Tradi-

tion hat sie nie Heimatrecht gefunden (was nicht verwunderlich ist, sitzt doch der Racheinstinkt tief im
menschlichen Herzen). Zudem setzt die Hypothese voraus, daß der Mensch im Tod ganz stirbt, völlig erlischt.
Damit aber geraten wir in den Streit der (philosophischen) Meinungen; denn für viele Menschen ist es evi-
dent, daß im Tod nicht alles am Menschen erlischt. Die
christliche Hoffnung wird damit von einer umstrittenen
menschlichen Todes*theorie* abhängig, was recht problematisch ist. Oder man muß annehmen, daß Gott die Bösen im Tod vernichtet, was nicht weniger problematisch
ist; denn Gott haßt nichts von dem, was er geschaffen hat
(vgl. Weish 11, 24).

Deshalb drängt sich die Frage auf: Sind wir denn
überhaupt Gefangene des Dilemmas: entweder die augustinische Hölle mit dem dazugehörenden *grausam-*
perversen Gott anzunehmen, oder zu glauben, die Bösen
verschwinden im Nichts, und damit die *Kapitulation*
Gottes gegenüber einem Teil seiner Geschöpfe einzugestehen? Gibt es nicht eine dritte Möglichkeit?

3.2.3 Hoffnung für alle –
weil Gott die Macht der freien Gewinnung ist[184]

Himmel und Hölle, Hoffnung und Verzweiflung liegen
im Christentum nicht auf ein und derselben Ebene als
zwei gleichrangige Ausgänge menschlichen Geschicks.
Wir Christen und Christinnen hoffen auf die Vollendung des Reiches Gottes, auf die „Auferweckung der Toten und das ewige Leben". Das ist das Zentrale. Darum
bekennen wir's im Glaubensbekenntnis. Die Hölle (die

184 Die geglückte Umschreibung Gottes als „Allmacht der freien
Gewinnung" hat meines Wissens G. Bachl als erster benutzt (vgl. G.
Bachl: Faszination des Schreckens [s. Anm. 158], S. 190).

im Glaubensbekenntnis nicht erwähnt wird) bleibt demgegenüber eine Möglichkeit, eine Grenzmöglichkeit.
Die Theologie muß in der Frage der Hölle gleichzeitig zwei Wahrheiten festhalten, ohne den Anspruch zu
erheben, sie in einer überblickbaren Synthese vereinen
zu können.

Die erste Wahrheit: Die Hölle bleibt eine reale Grenzmöglichkeit, die mit der Freiheit des Menschen gegeben
ist[185]. Das Reich Gottes ist ein Reich der Freiheit, zu dem
nur Freie freiwillig Zutritt haben. Wenn ein Mensch von
diesem Reich Gottes nichts wissen will, so nimmt Gott
diese Entscheidung ernst, wie Gott uns und unsere Freiheit immer ernst nimmt, im Guten wie im Bösen[186]. Gott

185 Vgl. J. B. Libãnio und M. C. Lucchetti Bingemer: Christliche
Eschatologie (s. Anm. 22) S. 247–252.

186 Das unheimliche Schweigen Gottes angesichts der Vernichtung seines Volkes in diesem Jahrhundert läßt uns ein wenig ahnen,
wie ernst Gott unsere Freiheit nimmt, auch wenn wir sie verbreche-
risch zum Genozid mißbrauchen. Allerdings müßte diese abstrakte
Rede von Freiheit sofort konkretisiert werden, indem erstens die politischen, wirtschaftlichen und sozialen Strukturen freigelegt werden,
die zu dieser Perversion der Freiheit geführt haben, und indem zweitens nicht vergessen wird: diese „bösen" Strukturen sind keine Na-
turgewalten, sondern auch *Menschenwerk,* das heißt Frucht unseres
Freiheitsmißbrauchs. Der Mensch ist auf das Absolute hin geschaffen
(Augustinus). Findet er dieses Absolute nicht in Gott, dem einzig
wahren Absoluten, so fängt er quasi notwendig an, sich selbst in einer
der unzähligen Varianten zu verabsolutieren: Er sucht dann seinen
„Gott" im Mammon oder Profit, in der Macht oder im Größenwahn,
im Ruhm oder im Vergnügen – auf Kosten der anderen; denn der
Mensch lebt wesentlich mit anderen in einer Welt. Diese Jagd nach
dem Glück am falschen Ort schafft sich, weil der Mensch ein leibli-
ches Wesen ist, ihre Strukturen, Apparate und Bürokratien, und so
erhält das Böse oft ein anonymes Gesicht und wirkt unabhängig vom
Willen der einzelnen. Wir alle treten in eine immer schon von anderen Menschen verdunkelte Welt, so daß das Böse nicht nur freie Tat

verdammt niemanden; wenn aber ein Mensch ohne Gott sein will, respektiert Gott diesen Entschluß. Das ist nämlich die Hölle: „Nicht mit Gott leben wollen und doch nicht ins Nichts verschwinden können"[187]: ewig in seiner Endlichkeit, seiner Einsamkeit und seinem Egoismus gefangen bleiben – und gleichzeitig von einem Durst nach Unendlichkeit, Gemeinschaft und Liebe umgetrieben werden. Ob diese Möglichkeit für einen Menschen je Wirklichkeit geworden ist oder wird, muß offenbleiben, weil wir darüber nichts wissen. Im Katholischen Erwachsenen-Katechismus von 1985 lesen wir: „Weder in der Heiligen Schrift noch in der kirchlichen Glaubensüberlieferung wird von irgendeinem Menschen mit Bestimmtheit gesagt, er sei tatsächlich in der Hölle. Vielmehr wird die Hölle als reale Möglichkeit vor Augen gehalten, verbunden mit dem Angebot der Umkehr und des Lebens."[188]

des einzelnen ist, sondern auch Verhängnis, in das wir als Teil der Menschheit hineinverstrickt sind.

187 G. Bach: Die Zukunft nach dem Tod (s. Anm. 109), S. 91.

188 Katholischer Erwachsenen-Katechismus. Das Glaubensbekenntnis der Kirche. Hrsg. v. der Deutschen Bischofskonferenz, Kevelaer 1985, S. 423; vgl. ferner K. Rahner: Theologische Prinzipien der Hermeneutik eschatologischer Aussagen. In: Schriften zur Theologie IV, Einsiedeln 1964, S. 421. Ganz anders tönte es noch auf dem Konzil von Florenz 1442: „Die heilige Kirche glaubt fest, bekennt und verkündet, daß niemand außerhalb der katholischen Kirche, weder Heide noch Jude, noch Ungläubiger oder ein von der Einheit Getrennter – des ewigen Lebens teilhaftig wird, vielmehr dem ewigen Feuer verfällt, das dem Teufel und seinen Engeln bereitet ist, wenn er sich nicht vor dem Tod der Kirche anschließt" (Neuner-Roos, 6. Aufl., Nr. 350; Denzinger, 36. Aufl., Nr. 1351). Solche theologische Verdammungsurteile über ganze Menschengruppen blieben leider keine Theorie; denn solche Kollektivurteile haben im Laufe der Geschichte unzähligen Menschen einen grausamen Tod beschert (vgl. Th. u. G. Sartory: Nach dem Tod . . . [s. Anm. 170], S. 87 ff.).

Zudem: Wenn Mörder und Opfer im voraus das gleiche Los erwarten dürfen, wäre dann die menschliche Verantwortung noch ernst genommen? Wenn es letztlich gleichgültig wäre, ob einer Folterer oder Gefolterter, Ausbeuter oder Hungernder ist, wären dann die Leiden der Opfer nicht verraten?

Die neutestamentlichen Drohtexte, die von einem doppelten Ausgang des Gerichtes reden (besonders plastisch im großen apokalyptischen Gerichtsgemälde in Mt 25), appellieren gerade an die menschliche Verantwortung und Freiheit.

Die zweite Wahrheit: Die Hölle ist letztlich auch eine Niederlage und Tragödie Gottes. Gott, der uns nicht braucht, um Gott zu sein, will nicht ohne uns Gott sein. Deshalb hat er uns als seine freien Partner und Partnerinnen geschaffen und uns in einem geduldigen Lernprozeß allmählich zu verstehen gegeben, daß er unser aller Leben will (vgl. Joh 10, 10). In dieser dramatischen Liebesgeschichte hört Gott in keinem Augenblick auf, um uns zu *werben*; denn Gott will, „daß alle Menschen gerettet werden und zur Erkenntnis der Wahrheit gelangen" (1 Tim 2, 4).

Sollte es Gott nicht gelingen, alle zu gewinnen, uns alle zu überzeugen, daß er uns gern hat und unser Glück will, wäre das letztlich auch eine Niederlage und ein Schmerz Gottes – wie dies jene Eltern nur zu gut wissen, die ohnmächtig der Selbstzerstörung ihres Kindes (etwa in einer Sekte oder der Drogenszene) zusehen müssen.

Dort, wo die Möglichkeit der Hölle sich ankündigt, „meldet sich der Gedanke einer Tragödie für den Menschen nicht nur, sondern für Gott selbst", schreibt Hans Urs von Balthasar[189].

189 H. U. v. Balthasar: Das Endspiel (s. Anm. 145), S. 272, vgl. auch S. 173.

An eine *endgültige* Niederlage Gottes aber vermag ich nicht zu glauben[190]

Gott, die Macht der freien Gewinnung, wird Wege finden (vielleicht im Augenblick des Todes, im Gericht und Fegfeuer), Wege, die wir nicht kennen, die uns aber hoffen lassen, daß es Gott schließlich gelingt, ein jedes Herz zu gewinnen, ohne die Freiheit des Menschen zu überrennen. Einen dieser geheimnisvollen Wege bekennen wir im kirchlichen Credo: „abgestiegen zur Hölle". Zu diesem Höllenabstieg Christi haben Hans Urs von Balthasar und Adrienne von Speyr Bedenkenswertes gesagt: Gott achtet auch als Erlöser die Freiheit, die er seinem Geschöpf gegeben hat, und er wird diese geschöpfliche Freiheit nie durch die Macht seiner absoluten Freiheit überwältigen; denn damit würde Gott sich selbst widersprechen. Wohl aber bleibt zu überlegen, „ob es Gott nicht freisteht, dem von ihm abgewendeten Sünder in

190 Die katholische Theologie hat erst spät die Ohnmacht Gottes, die Ohnmacht der Liebe (wieder)entdeckt (vgl. die scharfsinnigen Bemerkungen hierzu in: Fuchs/Werbick: Scheitern und glauben [s. Anm. 43], S. 16 f., 43 ff.). Gott hat sich freiwillig in die Ohnmacht der Liebe begeben, aber in der Ohnmacht der Liebe bleibt er *gleichzeitig* die Macht der Liebe. Seine Ohnmacht ist unsere Chance, seine Macht bleibt unsere Hoffnung – oder mit den Worten von K. Rahner: „Um – einmal primitiv gesagt – aus meinem Dreck und Schlamassel und meiner Verzweiflung herauszukommen, nützt es mir doch nichts, wenn es Gott – um es einmal grob zu sagen – genauso dreckig geht ... (Es) gehört doch zu meinem Trost, daß Gott, wenn und insofern er in diese Geschichte selber als in seine eigene eingestiegen ist, jedenfalls auf andere Weise eingestiegen ist als ich. Denn ich bin von vornherein in diese Gräßlichkeit hineinzementiert, während Gott – wenn dieses Wort überhaupt noch einen Sinn haben soll –, in einem wahren und echten und mich tröstenden Sinne der Deus impassibilis, der Deus immutabilis (der leidensunfähige Gott) ist" (Karl Rahner im Gespräch. Band 1:1964–1977, hrsg. v. P. Imhof u. H. Biallowons, München 1982, S. 246).

der Ohmachtsgestalt des gekreuzigten, von Gott verlas-
senen Bruders zu begegnen, und zwar so, daß dem Abgewendeten klar wird: dieser (wie ich) Gott-Verlassene ist
es um meinetwillen. Man wird hier von keiner Verge-
waltigung mehr sprechen können, wenn Gott demjeni-
gen, der die vollkommene Einsamkeit des Nur-für-sich-
Seins gewählt hat, in seine Einsamkeit hinein als der noch
Einsamere erscheint."[191] So wird durch den „Höllenabstieg Christi" die von Gott abgewendete menschliche
Freiheit nochmals eingeholt, untergriffen *und* respektiert: „Nur in der absoluten Schwäche will Gott der von
ihm geschaffenen Freiheit das Geschenk der jeden Kerker
aufbrechenden und jede Verkrampfung lösenden Liebe
vermitteln: in der Solidarisierung von innen mit denen,
die alle Solidarität verweigern."[192] Weil Gott seinen gekreuzigten Sohn an den Ort der absoluten Gottesferne
geschickt hat (in die Hölle), um auch noch jenen Menschen, die Gott den Rücken zugekehrt haben, nahe zu
sein und sie zu gewinnen, wird für Balthasar der „Höllenabstieg Christi" zum Symbol grenzenloser Hoffnung.

Uns Menschen gelingt es sehr oft nicht, die Herzen
gefährlicher Gesetzesbrecher zu gewinnen[193]. Folglich
bleibt uns – schon aus Sicherheitsgründen – oft keine andere Möglichkeit, als die Übeltäter einzusperren – oft ein
Leben lang. Das ist der leichte Weg. Gott aber ist Gott und

191 H. U. v. Balthasar: Eschatologie im Umriß. In: Balthasar:
Pneuma und Institution. Skizzen zur Theologie IV, Einsiedeln 1974,
S. 443 f.
192 H. U. v. Balthasar: Über Stellvertretung. In: Pneuma und Institution (s. Anm. 191), S. 409.
193 „Die Gerechtigkeit menschlicher Richter endet schließlich immer in der Ohnmacht vor dem Widerstand, der Dummheit oder des
in seiner Verweigerung beharrenden Willens." (G. Bachl: Faszination
des Schreckens [s. Anm. 158], S. 190).

kein Mensch. Die *wahre* Macht zeigt sich nicht in der Einkerkerung oder Vernichtung des Gegners, sondern in seiner freien Gewinnung in einem schwierigen Prozeß der Versöhnung. Denken wir nicht allzu menschlich von Gott, wenn wir ihm diese Macht nicht zutrauen? Muß vor dem göttlichen Gott unsere Hoffnung nicht ganz offen bleiben, muß sie nicht *alle* einbeziehen, weil Gott sich *aller* erbarmen will (vgl. Röm 11, 32).

Wir dürfen *hoffen*, daß es Gott gelingt, jedes Menschenherz zu gewinnen[194], aber wir können es nicht *wissen* und dürfen vor allem nicht vermessen[195] mit diesem Gedanken spielen. Ein evangelischer Theologe des 19. Jahrhunderts hat dies etwas burschikos so formuliert: „Wer nicht glaubt, daß es Gott gelingt, alle zu gewinnen, ist ein Ochse; wer diesen Glauben aber lehrt, ist ein Esel."[196]

Beleidigt aber eine „Hoffnung für alle" nicht die Würde der Opfer und ihrer Leiden? Eine Versöhnung auf Kosten der Gerechtigkeit? Sicher: es gibt keine Versöhnung ohne Verzeihen. Der Hinweis auf *Gottes* Verzeihen aber greift zu kurz, denn verzeihen kann nur das Opfer.[197]. Wie aber soll das geschehen? Wie kann der

---

194 Vgl. H. U. v. Balthasar: Was dürfen wir hoffen?, Einsiedeln 1986; G. Bachl: Über den Tod und das Leben danach (s. Anm. 116), S. 209–218; ders.: Die Zukunft nach dem Tod, (s. Anm. 109) S. 103–114; H. J. Verweyen: Das Leben aller als außerster Horizont der Christologie. In: Verweyen: Christologische Brennpunkte, Essen 1977, ²1985, S. 117–133.

195 Die Vermessenheit ist (wie die ihr entgegengesetzte Verzweiflung) eine Form der Hoffnungslosigkeit. Vgl. J. Pieper: Über die Hoffnung, München 1949, S. 69–78.

196 Vgl. Inge Lønning: Art. Gott, in: TRE, Bd. 13, 1984, S. 702; ferner K. Barth: KD II/2, S. 461 ff.

197 Vgl. Lk 23, 34; Apg 7, 60.

Mörder zur Reue finden, so daß ihm das Opfer verzeihen kann, und wie kann das Opfer den Mut und die Freiheit zum Verzeihen finden?

Ich habe einen Traum. Jesus kommt mit seinen Heiligen zum Gericht[198]. Vor Gericht steht der Mörder von Anne Frank, ein Mann, der in seiner Jugend kaum Liebe erfahren hat und später aus Opportunismus und Karrieresucht zum Verbrecher geworden ist. Reuig liegt er vor Jesus auf dem Boden und wartet voll Angst auf sein Verdammungsurteil. Da tritt aus der Schar der Heiligen ein Mädchen hervor, geht auf den am Boden liegenden Mann zu, gibt ihm die Hand und richtet ihn auf. Das Mädchen ist Anne Frank. Ihr einstiger Peiniger ist beschämt bis ins Mark. Anne Frank umarmt und küßt ihn. Was wird der Richter tun? Sicher wird er sie nicht auseinanderreißen.

Was müßte geschehen, daß dieser Traum Wirklichkeit wird? Ist eine solche Versöhnung theologisch denkbar?

Zum Mörder: Wie könnte er zur Reue finden? Gott ist immer auf der Suche nach dem Verlorenen, und zwar so sehr, daß er die 99 Gerechten zurückläßt, um den einen Verlorenen zu suchen *und* zu finden (Lk 15). Denn: „Kann eine Frau ihr Kindlein vergessen, eine Mutter ihren leiblichen Sohn? Und selbst wenn sie ihn vergessen würde: Ich vergesse dich nicht" (Jes 49, 15). Gelingt es diesem mütterlichen Gott nicht, das Herz des Sünders während des irdischen Lebens zu gewinnen, bleibt Gott immer noch die Stunde des Todes. Was wissen wir denn schon, was in der Todesstunde geschieht? Im Tod und durch den Tod hindurch, im Gericht und durch das Ge-

198 Vgl. 1 Kor 6, 2; Joh 5, 22.

richt hindurch, auch durch das, was wir „Fegfeuer" und „Abstieg zur Hölle"[199] nennen, wird Gott, die Macht der freien Gewinnung, die festgefahrene Freiheit des Sünders zu gewinnen und zu verwandeln suchen[200]. Jedenfalls haben zahlreiche griechische Kirchenväter von Origenes bis Maximus Confessor in dieser Richtung gedacht. Der Osterjubel des Paulus und der ganzen Urkirche (soll er nicht einen schalen Beigeschmack behalten) läßt uns hoffen, daß es Gott gelingt, auch das Herz eines Mörders zu erreichen, das heißt ihn zur eigenen, maskenfreien Wirklichkeit und schmerzhaften Wahrheit zu führen: zur Einsicht in seine verdrängte Schuld und damit zur Reue, denn nur einem reuigen Henker kann vergeben werden.

Zum Opfer: Wie findet das Opfer den Mut und die Freiheit zum Verzeihen und damit zum Verzicht auf Rache und Vergeltung? Vielleicht gibt uns der Apostel Paulus, der ja zur Rettung seiner Brüder auf sein eigenes Heil verzichten möchte (Röm 9, 3), einen Wink. Paulus schreibt: „Ich halte dafür, daß die Leiden der jetzigen

199 Vgl. 1 Petr 3, 18–21; 4, 6.
200 Wie die Liebe Gottes die Freiheit des Menschen zu gewinnen sucht – ohne diese Freiheit zu zerstören –, hat Edith Stein auf wenigen Seiten großartig geschildert. Edith Stein versucht dieses „überlistende" Werben Gottes nachzuzeichnen, und zwar im Leben, Sterben und am „jenseitigen Ort" – gerade auch im Blick auf jene Menschen, die von Gott zunächst nichts wissen wollen. Dieses eindringliche Werben Gottes erlaubt „die Hoffnung auf eine Universalität der Erlösung, obgleich durch die prinzipiell offenbleibende *Möglichkeit* des Widerstandes gegen die Gnade auch die Möglichkeit einer ewigen Verdammnis bestehen bleibt". Auch wenn diese Möglichkeit der Verweigerung prinzipiell bestehen bleibt, ist sie „faktisch unendlich unwahrscheinlich" (Edith Stein: Welt und Person. Beitrag zum christlichen Wahrheitsstreben. Werke, Bd. VI, hrsg. v. L. Gelber und R. Leuven, Freiburg i. Br. u. Löwen 1962, S. 153–159, Zitat S. 159).

Zeit nichts bedeuten im Vergleich zur Herrlichkeit, die an uns geoffenbart werden soll" (Röm 8, 18). Dieser unerhörte Satz des Paulus ist zuerst und zuletzt ein Satz über *Gott*, und unser ängstliches Herz beginnt zu ahnen: Wie muß Gott und seine Herrlichkeit sein, daß – man wagt es fast nicht zu sagen – selbst Auschwitz und alle andern Ungeheuerlichkeiten der Geschichte und alle Tragödien des persönlichen Lebens in einem *neuen Licht* erscheinen können? Denn ungeschehen machen, was geschehen ist, kann auch Gott nicht. Wenn Paulus' Aussage keine rhetorische Floskel sein will (angesichts von *Gottes* Herrlichkeit erscheinen unsere vergangenen Leiden „wie nichts"), erlaubt sie uns, den unverschämten Traum zu träumen: Angesichts des göttlichen „Plus" *will* vielleicht sogar Anne Frank ihrem reuigen Mörder die Hand reichen. Erst dann wäre Himmel; erst dann wäre Schalom.

Ob nicht gerade jene Menschen, die unvorstellbares Unrecht erlitten haben, Gott „erlösen" möchten, wie die feministische Theologin Carter Heyward (in anderem Zusammenhang allerdings[201]) zu suggerieren scheint?

---

201 Carter Heyward schreibt zu ihrem Buch: Und sie rührte sein Kleid an. Eine feministische Theologie der Beziehung, Stuttgart 1986, S. 43: „Dieses Buch hat seinen Ursprung in meiner Suche nach Antwort auf eine einzige Frage: In welchem Maße sind wir für unsere eigene Erlösung in der Geschichte verantwortlich? Die theologische Arbeitsvoraussetzung ist im folgenden, daß Gott und die Menschheit als in Beziehung stehend und kooperativ zu verstehen sind und weder monistisch (synonym) noch dualistisch (antithetisch) aufgefaßt werden dürfen. Wenn dies so ist, in welchem Maß haben dann auch wir Anteil an der Erlösung Gottes?" Einen ähnliche Gedanken äußert auch Charles Péguy: Weil Gott uns liebt, ist er unser „Gefangener" geworden. Gott hat seine eigene Hoffnung in unsere vergänglichen Hände gelegt, so daß es an uns ist, Gottes Hoffnung nicht zu enttäuschen (vgl. Ch. Péguy: Das Tor zum Geheimnis der Hoffnung [s. Anm. 15], S. 83 f., 92 ff.).

Ein blasphemischer Gedanke? Auf den ersten Blick sicher! Aber weist nicht gerade Jesu Gleichnis vom „Verlorenen Sohn" in eine ähnliche Richtung? Auch der Vater ist *verloren*, solange ihn seine Söhne nicht verstehen, wie Liebe immer verloren ist und leidet, wenn sie nicht verstanden, nicht beantwortet wird. Der Vater leidet, so lange seine Söhne unversöhnt bleiben: Erst wenn der ältere Sohn seinem jüngeren Bruder die Hand gäbe, wäre die Freude des Vaters ganz, wäre die Liebe zu Hause.

Weil Gott sich – Torheit der göttlichen Liebe – an uns gebunden hat, von uns abhängig gemacht hat, ist die Versöhnung seiner Töchter und Söhne auch seine Freude. Ob nicht gerade die Opfer, Gottes Lieblinge, Gottes Freude voll machen möchten?

Epilog

Am Ende dieser Rede über die christliche Hoffnung bin ich versucht, mit Ijob zu sagen: „So habe ich denn im Unverstand geredet über Dinge, die zu wunderbar für mich und unbegreiflich sind" (Ijob 42, 3). Die erhoffte Neuschöpfung Gottes bleibt für unser in den Kategorien von Zeit und Raum gefangenes Denken unvorstellbar: „Jetzt schauen wir in einen Spiegel und sehen nur rätselhafte Umrisse . . ." (1 Kor 13, 12).

Über die christliche Hoffnung reden heißt (wie öfters betont) über Gott reden. All unser Reden über Gott aber ist zum Bruchstückhaften verdammt, und wir dürfen uns glücklich preisen, wenn wir mit unseren Fragmenten Gott den unbegreiflich Herrlichen nicht allzusehr verleumden.

Der als intellektuell verschriene Thomas von Aquin wußte: nur mit dem Herzen sieht man gut (ubi amor, ibi oculus[202]). So habe ich denn versucht, mit dem Herzen zu reden. Aber: Ob wir mit dem Herzen reden oder uns in letztmöglicher Abstraktion um die Anstrengung des Begriffes bemühen – am Schluß müssen wir alle unsere Aussagen über Gottes neuen Himmel und neue Erde „immer wieder hineinfallen lassen in die schweigende Unbegreiflichkeit Gottes selber"[203]. Oder mit Thomas von Aquin: „Gott wird mit *Schweigen* geehrt, nicht weil

202 Dieses Wort von Hugo von St. Viktor macht Thomas sich zu eigen. Vgl. Thomas von Aquin: III Sent., dist. 35, q. 1, a. 2.
203 K. Rahner: Erfahrungen eines Theologen. In: Orientierung 48 (1984) 74.

wir nichts von Gott sagen können, sondern weil wir einsehen müssen, daß alles, was wir von Gott sagen, Gott unangemessen ist."[204]

204 Thomas von Aquin: Super Boetium De Trinitate, q. 2, a. 1 ad 6.

Worauf Menschen hoffen – Die Welt der Religionen

HERDER/SPEKTRUM

Zur religiösen Situation der Gegenwart

Lexikon der Sekten, Sondergruppen und Weltanschauungen
Fakten, Hintergründe, Klärungen
Herausgegeben von Hans Gasper, Joachim Müller, Friederike Valentin
4. Auflage, 616 Seiten, gebunden. ISBN 3-451-21408-3

„Die beste Form christlichen Eingehens auf die Herausforderung durch religiöse Sondergemeinschaften. Ein fundiertes Handbuch und praktisches Nachschlagewerk von Spezialisten aller Konfessionen." *(Evangelische Kommentare)*

„Das Lexikon bietet einen grandiosen Wissensschatz, der hält, was der Titel verspricht." *(Katechetische Blätter)*

„Ein unentbehrlicher Begleiter für jeden, der in den religiösen Debatten unserer Tage als Informierter mitreden möchte." *(Rheinischer Merkur)*

Jakob J. Petuchowski/Clemens Thoma
Lexikon der jüdisch-christlichen Begegnung
256 Seiten, gebunden. ISBN 3-451-21245-5

„Zum ersten Mal in der Geschichte der beiden Religionen ein Gemeinschaftswerk, das die Ergebnisse intensiver Begegnung fruchtbar werden läßt für die Zukunft." *(Tagesspiegel).*

„Knapper, klarer und zugleich auf dem gegenwärtigen Stand der internationalen Forschung kann man sich nicht informieren."
(Religionsunterricht an höheren Schulen)

Praktisches Lexikon der Spiritualität
Herausgegeben von Christian Schütz
768 Seiten, Sonderausgabe, Paperback. ISBN 3-451-22614-6

„Der gelungene Versuch, moderne Lebenswelt und christliche Lebensgestaltung als einander bedingende Größen zu verstehen."
(Rheinischer Merkur).

„Wer den gesammelten Schatz kirchlicher Spiritualität vor sich bringen möchte, ist mit diesem Lexikon sehr gut beraten." *(Publik-Forum)*

„Für jeden an der Spiritualität Interessierten ein wertvoller Zugang zu vielleicht bis dahin unbekannten Dimensionen." *(Theologie und Glaube)*

Verlag Herder Freiburg · Basel · Wien